# Zigarren

ZIGARREN UND LEBENSART

FOTOS: MATTHIEU PRIER

DELIUS KLASING VERLAG

*Fumando tabaco (Tabak rauchen)*. Öl auf Leinwand, Antoni Vives Fierro.

# Inhalt

 5  Vorwort
 6  Kurze Geschichte der Zigarre
 8  Zigarrenländer – Kuba
10  Zigarrenländer – Vuelta Abajo
12  Zigarrenländer – Dominikanische Republik
14  Zigarrenländer – Honduras
16  Zigarrenländer – Nicaragua

**Weitere Zigarrenländer – 1**
18  Mexiko, Costa Rica, Ecuador, Jamaika, Brasilien

**Weitere Zigarrenländer – 2**
20  Vereinigte Staaten, Kanarische Inseln, Indonesien,
    Philippinen, Kamerun
22  Tabakanbau – Vom Setzling zur Casa de Tabaco
24  Herstellung – Die Kunst des Torcedor
26  Galeras – Vom Tabak zur Zigarre
28  Qualitätskontrolle
30  Der Aufbau einer Zigarre
32  Große Formate
34  Mittlere Formate
36  Kleine Formate
38  Farben
40  Kisten und Kabinette
42  Vistas gestern und heute
44  Bauchbinden gestern und heute
46  Aufbewahrung

48  Humidore – Vom Holz zum Plexiglas
50  Reifung
52  Anschneiden und Anzünden
54  Die Kunst des Rauchgenusses
56  Aromen und Geschmack
58  Der richtige Moment
60  Accessoires
62  Zigarren und Küche
64  Zigarren und Alkohol
66  Auktions-Zigarren
68  Fälschungen
70  Große kubanische Marken gestern und heute
74  Jahrgangszigarren und Legenden
76  Sammler und Sammlungen
78  Die Cuvées Spéciales von Gérard Père et Fils
80  Die neuesten Trends
82  Berühmte Zigarrenraucher
84  Eine ideale Auswahl für den Anfänger
86  Eine ideale Auswahl für den Liebhaber
88  Eine ideale Auswahl für den erfahrenen Liebhaber
90  Eine ideale Auswahl für den Connaisseur

92  Glossar

94  Register

96  Danksagung

*Für meinen Vater, der uns seine Leidenschaft weitergegeben hat.*

# Vorwort

Die Welt der Zigarre wandelt sich, aber ihre Inspiration bleibt: Die Leidenschaft für den exzellenten Geschmack bei den Genießern und vor allem bei den Vegueros, den Arbeitern auf den Tabakplantagen.

Zu allererst ist die Zigarre eine Frucht der Erde, wenn auch eine der edelsten und anspruchvollsten. Ohne die Kenntnis und Erfahrung der Männer und Frauen, die Tabak anbauen und zu Zigarren veredeln, hätte sie nicht ihre Aura und Faszination.

Man darf nie vergessen, dass die Symphonie von Düften und Geschmacksnoten und das Wunder ihrer Harmonie das Ergebnis von exakter, geduldiger und intensiver professioneller Arbeit in jedem Stadium des Prozesses ist.

Wir, die Familie Gérard, sind seit sehr langer Zeit leidenschaftliche Liebhaber von Zigarren. Lange waren für uns Qualität und Havanna das Gleiche. Aber die Welt hat sich weiter gedreht, und die Havanna ist nicht mehr allein auf weiter Flur. Dieses Buch ist die Summe jahrelanger Prüfung in Zusammenarbeit mit vielen Experten.

Zigarren sind vom Markt verschwunden und wieder aufgetaucht, aber trotz allen Wandels ist eines gewiss: Die von uns vorgestellten Zigarren sind für Könige gemacht, aber glücklicherweise heute für sehr viel mehr Menschen erhältlich. Wir freuen uns über immer mehr Liebhaber mit profunder Kennerschaft. Ihnen ist dieses Buch gewidmet.

*Vahé Gérard*

# Kurze Geschichte der Zigarre

### Die ersten Anfänge
Die Stämme der Taíno auf Kuba waren wohl die ersten, die bei ihren Riten eine Pflanze benutzten, die sie Cohiba nannten. Getrocknet nannten sie das Kraut dann Tabacco, und sie rauchten es in Pfeifen.
1492 machte Kolumbus als erster Europäer Bekanntschaft mit dem Tabak. Spanien und Portugal importierten die Pflanze als Erste, von wo aus sie nach und nach ins übrige Europa vordrang. Anfangs nutzte man sie als Heilmittel für allerlei Gebresten. Der Tabak wurde geschnupft, inhaliert oder gebraut und getrunken. Im 16. Jahrhundert empfahl Jean Nicot, französischer Botschafter in Portugal und Namensgeber des Nikotins, den Tabak Katharina von Medici als Mittel gegen ihre Migräne.

### Der organisierte Handel
Vornehmlich die Franzosen und Briten begannen im 16. Jahrhundert mit dem Anbau des Tabaks. Sklaven erledigten auf den Plantagen Nordamerikas, der Antillen und Kubas die Arbeit. Die »Wunderpflanze« breitete sich nach Malta, Italien und den Niederlanden aus. Danach wurde sie in größerem Umfang auch in der Türkei, Marokko und sogar in Japan angebaut.

England war für die Etablierung als Genussmittel entscheidend. Das Rauchen war am Hofe Elisabeth I. sehr beliebt. Seeleute und Aristokraten waren die Vorbilder für andere Schichten des Landes. Auf Empfehlung von Sir Walter Raleigh, des Geliebten der Königin, rauchten sogar Schwangere. Pflanzer in Virginia, North Carolina, Maryland und Kentucky wurden zu Spezialisten des Tabakanbaus. Im 17. Jahrhundert erhob Frankreich als erstes Land Importzölle.

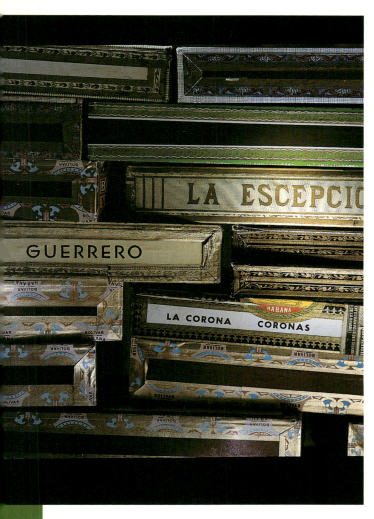

*Einige einst ruhmreiche kubanische Marken sind heute verschwunden, so* La Corona *(die handgemachten),* La Escepción *und* Maria Guerrero *(oben). Ein Steinrelief aus Palenque in Mexiko zeigt einen aztekischen Raucher (linke Seite).*

**Zwischen Alter und Neuer Welt**

Schon 1739 benutzte Carl von Linné den Begriff *Nicotiana Tabacum*, aber erst 1809 entdeckte und isolierte Nicholas Vauquelin das Nikotin. Napoleons Soldaten hatte zwei Jahre zuvor in Spanien die Puros entdeckt, die Ahnen der Zigarren aus reinem Tabak, und verbreiteten sie dann über ganz Europa. Auch die Engländer trugen im 19. Jahrhundert zur Beliebtheit der ersten Zigarren bei, aber ihr eigentlicher Siegeszug begann im 20. Jahrhundert.

Die verbesserte Herstellung und Erscheinung der Zigarren, die Zigarrenkisten und die Bauchbinden verschafften ihnen einen Ruf als feines Genussmittel. Der Tabak wurde nicht mehr auf der Iberischen Halbinsel gerollt, weil er roh den Transport schlecht verträgt, sondern dort verarbeitet wird, wo er herkommt, wie Wein. Die Qualität wurde somit erheblich besser. In den 1940er- und 1950er-Jahren entstanden die heute weltberühmten Marken. Es kamen weitere hinzu, neue Formate und Größen wurden entwickelt.

In den 1990er-Jahren lagen Zigarren bei jüngeren und gebildeten Menschen im Trend, zunächst in den Vereinigten Staaten und bald auch anderswo. Sie tauchten in Büchern und Filmen auf und wurden zum Symbol einer gewissen Lebensart. Der Markt explodierte förmlich. Die Preise stiegen dramatisch, während in manchen Bereichen die Qualität zurück ging. Aber gleichzeitig entwickelte sich auch die Kennerschaft und der Geschmack bei den Konsumenten, und beides verbreitert sich weiter. Wenn es noch eines Beweises bedurft hätte, so belegt dies, dass die Welt der Zigarren sehr lebendig bleibt, auch wenn nach der Jahrtausendwende ein Rückgang der Nachfrage zu verzeichnen ist.

# Zigarrenländer – Kuba

Kuba ist immer noch das gelobte Land für Zigarren-Liebhaber. Andere Regionen produzieren mittlerweile gleichfalls Zigarren in hoher Qualität, aber der Stoff, aus dem die Träume sind, stammt immer noch von den 62 000 Hektar zwischen Golf von Mexiko, Atlantik und karibischer See.

### Die großen Marken
Die Zigarrenproduktion auf Kuba begann in der ersten Hälfte des 17. Jahrhunderts. Anfangs gab es nur kleine Manufakturen, und der Export entwickelte sich langsam mit dem Seehandel.
Den eigentlichen Beginn kann man auf 1827 datieren, als Partagás und die erste Fábrica gegründet wurden. Dann betraten andere Marken die Bildfläche: Por Larrañaga (1834), Punch (1840), H. Upmann (1844), Ramón Allones (1845), Sancho Panza (1848), Hoyo de Monterrey (1865), Romeo y Julieta (1875), El Rey del Mundo (1882) und Montecristo schließlich 1935. Man legte großen Wert auf die Qualität, die sich auf der ganzen Welt durchsetzte.

### Die Revolution
Die Machtergreifung Fidel Castros am 2. Januar 1959 führte zu beträchtlichen wirtschaftlichen Schwierigkeiten. Gemäß seinen marxistischen Prinzipien verstaatlichte er die Zigarrenindustrie und schaffte die Marken ab – der Export brach zusammen. Castro reagierte darauf, er gab den Farmern ihr Land zurück und ließ wieder Marken zu. Erst Mitte der 1960er-Jahre gewannen die kubanischen Zigarren ihr Ansehen zurück. Es wurden jährlich bis zu 350 Millionen Zigarren hergestellt, 150 Millionen davon »totalmente hecho a mano«, also vollständig handgemacht. Derzeit sind die Zahlen rückläufig.

HABANA

### Die fünf Regionen
Wie etwa der Wein hat auch Tabak je nach Herkunftsgebiet seine besonderen Eigenschaften. Von Ost nach West gibt es auf Kuba fünf Hauptanbaugebiete:

• *Vuelta Abajo*   das beste Gebiet mit dem zweifellos besten Tabak der Welt umfasst 32 000 Hektar.

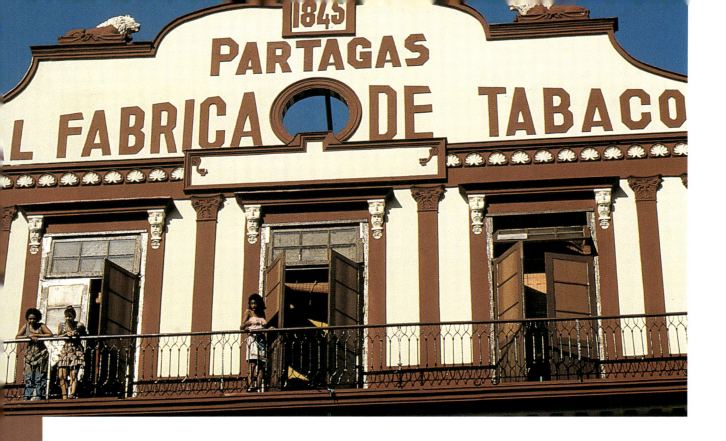

• *Semi-Vuelta* gleichfalls im Westen gelegen, aber in der Qualität nicht zu vergleichen. Der Tabak wird hauptsächlich zu Zigaretten verarbeitet.

• *Partido* das »Land der hellen Deckblätter« liegt in der Nähe von Havanna. Die helleren Blätter aus dieser Region werden manchmal zu Deckblättern – sehr zum Ärger mancher Traditionalisten.

• *Remedios* für die meisten Zigarrenraucher ist dies eine neue Region im Herzen der Insel. Bis vor kurzem wurde ihr Tabak nur für den heimischen Markt verarbeitet. Die kubanischen Behörden haben große Anstrengungen zur Qualitätsverbesserung für den internationalen Markt unternommen und den Tabak »Vuelta Arriba« genannt. Die Bemühungen zahlen sich mit der Anerkennung für die Marke José Luis Piedra aus. In Remedios ließen sich im 17. Jahrhundert die ersten spanischen Vegueros (Tabakpflanzer) nieder.

• *Oriente* die Legende besagt, das Kolumbus und seine Männer in dieser östlichen Provinz, genauer in Baracoa, wo sie landeten, den Genuss des Tabaks kennen lernten. Heute wird auf den weiten Ebenen fast nur Zigarretten-Tabak angebaut.

# Zigarrenländer – Vuelta Abajo

Der beste Tabak der Welt wächst in der roten Erde von Vuelta Abajo. Die Region besteht aus sieben Teilregionen, die sich in ca. 50 Vegas, Plantagenabschnitte, unterteilen. Die insgesamt 32 000 Hektar machen nur zwei Prozent der Fläche Kubas aus. Fast alle Havanna-Zigarren – sie beanspruchen 40 Prozent der kubanischen Tabakproduktion – stammen von hier. Aus der übrigen Tabakproduktion entstehen weniger anspruchsvolle Zigarren, Zigaretten und Zigarillos.

**Eine unerwartete Entdeckung**
Erstaunlicherweise wurde die Eignung der Region für den Tabakanbau erst 1772 entdeckt, obwohl die Spanier schon seit dem 16. Jahrhundert hier waren. Als Ergebnis einer blutigen Revolte zogen einige

**Beste Marken des Vuelta**
Bolívar
Cohiba
Cuaba
Diplomáticos
El Rey del Mundo
Hoyo de Monterrey
H. Upmann
Juan López
La Gloria Cubana
Montecristo
Partagás
Por Larrañaga
Punch
Quai d'Orsay
Rafael González
Ramón Allones
Romeo y Julieta
Saint Luis Rey
Sancho Panza
San Cristóbal
 de La Habana
Trinidad
Vegas Robaina

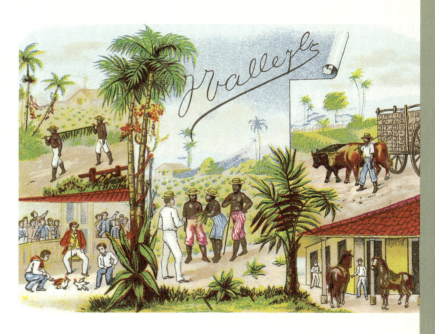

*Dunkelgrüne Tabakblätter harmonieren mit dem blauen Himmel und den vom Meer hereinziehenden Wolken (rechte Seite).*

Vegueros westwärts in die spätere Provinz Pinar del Río und stießen auf die hervorragende Qualität des Bodens. Die Piraten wussten dies schon seit Jahrzehnten und zogen ihren Vorteil daraus.

**Die perfekte Alchemie**
In Vuelta Abajo herrschen auf der Welt einzigartige Umweltbedingungen. Das Zusammenwirken von Boden, Sonne, Feuchtigkeit und Seewind lässt sich trotz aller Anstrengungen anderswo nicht künstlich schaffen, wie die entsprechenden Versuche mit Tabakpflanzen auf Jamaika, Haiti und in der Dominikanischen Republik zeigen. Zusammen mit dem Know-how von Vegueros, Torcedores und anderen Tabaqueros entwickelt der Tabak in jeder Vega seinen eigenen Charakter. Es ist wie beim Wein. San Juan y Martinez, *Vega 12*, und San Luis, *Vega 13*, gelten als die besten. Mit dem unerreicht mineralreichen, sandigen Boden, dem chemiefreien Aufwuchs und der von Agroingenieuren überwachten Bewässerung, produzieren die einzelnen Fincas eine große Vielfalt von Tabaksorten als Grundlage der Mischungen für einzelne Marken und Formate. Die Hauptsorten sind der Criollo, der zumeist zur Einlage wird, der Corojo, der die besten Deckblätter liefert, und Habana 92 und Habana 2000, die eine Kreuzung der beiden vorgenannten Sorten darstellen. Sie wurden nach dem Befall mit dem blauen Mehltau 1980 gezüchtet.
Diese Region liefert sowohl die besten Einlagen wie auch die schönsten und seidigsten Deckblätter für Havanna-Zigarren. Auf Vuelta Abajo liegt eben der Segen der Götter.

# Zigarrenländer – Dominikanische Republik

Die Dominikanische Republik liegt auf der Osthälfte der karibischen Insel Haiti und hat eine lange Geschichte des Tabakrauchens, die bis zu den Eingeborenen zurückreicht. Auch hier wurde Kolumbus Zeuge der merkwürdigen Gebräuche.

### Geschichtliche Hilfestellungen
Lange Zeit spielte der Tabakanbau keine besondere wirtschaftliche Rolle. Anfang des 20. Jahrhunderts importierte man aus Kuba Setzlinge, und als Amerika nach der kubanischen Revolution neue Tabaklieferanten brauchte, war hier die Bühne für einen prosperierenden Wirtschaftszweig bereitet.

Das amerikanische Embargo gegen Kuba 1962, der Staatsstreich in Nicaragua 1979 und die politische Instabilität von Honduras bildeten den Hintergrund für den Aufstieg des Landes zur Tabakmacht. Heute wird die Qualität der Zigarren nicht mehr in Zweifel gezogen.

### Ein neues »gelobtes Land«
Die Ähnlichkeit von Boden und Klima zu Kuba hat seit den 1980er-Jahren etliche große Zigarrenhersteller ins Land gelockt. General Cigars mit den Marken Partagás, Ramón Allones, Canaria d'Oro, die Consolidated Cigar Corporation mit den Marken Montecruz, H. Upmann, Don Diego, und die Firmen Fuente, Davidoff und andere fanden hier nicht nur gute Umweltbedingungen vor, sondern auch innovative und unternehmerische Menschen. Die Erfolge dominikanischer Zigarren sind in der Regel mit den Anstrengungen besonders willensstarker Unternehmer verbunden. Sie werden von den US-Amerikanern ebenso geschätzt wie die feinen Aromen und Geschmacksrichtungen ihrer Zigarren.

---

**Beste Marken der Dominikanischen Republik**
Arturo Fuente – Ashton – Bauza – Davidoff – Don Diego – Dunhill – Juan Clemente – La Aurora – La Flor Dominicana – Laura Chavin – Macanudo – Montecristo – Nat Sherman – Partagás – Pléiades – Royal Jamaica – Santa Damiana – Vega Fina

### Ein blühender Markt

Jährlich werden 350 Millionen Zigarren exportiert, davon zwei Drittel in die Vereinigten Staaten. Damit ist die Dominikanische Republik die Nummer eins auf dem Weltmarkt. Diese Nachfrage hat in den letzten Jahren zur Schaffung eines Dutzends von Marken geführt. Aber man hat darauf geachtet, die Reputation nicht zu verspielen. In den letzten dreißig Jahren sind die Herstellungstechniken und die Anbaumethoden ebenso wie die Mischungen und Aromen beständig verbessert worden.

### Feine Mischungen

Die besten Plantagen befinden sich an der Nordwestseite der Insel in dem Tal Yaque, das manche enthusiastisch mit Vuelta Abajo vergleichen.

Es werden vornehmlich drei Sorten angebaut: Color Dominicano, auch als Chago Diaz bekannt, der einen feinen milden Geschmack ergibt; Piloto Cubano, der von Tabakpflanzen aus Vuelta Abajo abstammt und einen vollen, kräftigen Geschmack hat; San Vicente, ein leichterer und säuerlicher Hybrid des letzteren.

Weil derzeit der Tabak eher hell und leicht ist, bedienen sich die Dominikaner für Einlage und Deckblätter gern anderswo.

Für die Einlage nimmt man stärkeren honduranischen, mexikanischen und brasilianischen Tabak, die Deckblätter kommen aus Connecticut, Kamerun und Ecuador.

Dank ihrer Fähigkeiten und Marktkenntnisse werden die Dominikaner vermutlich bald selbst exzellente Deckblätter erzeugen.

# Zigarrenländer – Honduras

Honduras hat sich in den letzten fünfzig Jahren mit seinen Qualitätszigarren einen Namen gemacht und streitet mit Kuba darum, wer der drittgrößte Exporteur von handgemachten Zigarren auf der Welt ist. Auch hier wurde schon vor der Ankunft von Kolumbus 1502 Tabak geraucht. Wie in der Dominikanischen Republik wurde der Tabak vor der kubanischen Revolution nur für den eigenen Verbrauch produziert.

## Morgenröte nach 1960

Kubanische Tabakpflanzer siedelten sich in Honduras ab 1960 an; sie brachten ausländisches Kapital und Tabaksamen aus Kuba mit. Der Tabak wurde mit heimischen Sorten gekreuzt, und die Investitionen nahmen schnell größeren Umfang ein. Schon 1962 hatten Tabak-Barone wie Fernando Palacio, Dan Blumenthal und Franck Llaneza Marken wie Belinda, Punch und Hoyo de Monterrey auf honduranischem Boden gegründet oder wieder belebt. Von 1972 an ließ die United States Tobacco International ihre Marken in Honduras produzieren.

Als sich die politische Lage im Lande 1990 stabilisiert hatte, ging es mit der Tabakindustrie enorm bergauf. 1999 konnte man sogar schwere Schäden durch den Hurrikan »Mitch« verkraften.

## Die Tabakregionen

Es gibt drei Tabakanbaugebiete. Das beste ist das Jalapa-Tal im Südosten. Manche vergleichen die Qualität von Danlí, Morocelí und Talanga mit der von Vuelta Abajo. Die Plantagen von Santa Rosa de Copán liegen auf großer Höhe im Westen. Im Tal Sula im Nordwesten haben sich viele kubanische Emigranten niedergelassen.

Man baut verschiedene Tabaksorten an, unter anderem auch Tabak aus Connecticut, aus dem schöne, dunkelbraune Deckblätter entstehen. Copaneco ist die einzige einheimische Sorte. Criollo, Cojo und die neueren Hybridsorten Habana 92 und Habana 2000 werden ebenfalls gepflanzt.

Außerdem verwendet man für die Zigarrenproduktion Tabake aus der Dominikanischen Republik, Costa Rica und Ecuador als Einlagen,

## Zigarren mit Charme

Honduranische Zigarren werden wegen ihrer eleganten Milde sowie ihres feinen und nachhaltigen Geschmacks geschätzt. Die Vereinigten Staaten importieren mehr als 60 Millionen Stück im Jahr. Auch in Europa gewinnen sie beständig an Boden. Die stolzen Honduraner scheuen keinen Vergleich mit den Havannas.

*Beim Trocknen werden die Tabakblätter ständig auf Parasiten, Austrocknung und Fäule kontrolliert. Deshalb sind die Trockenschuppen gut belüftet.*

**Beste Marken aus Honduras**
Cuba Aliados – Bances – Don Ramos – Don Tomás – Excalibur – Flor de Copán – Flor de Selva – Indian Tabaco Cigar

# Zigarrenländer – Nicaragua

Der Tabak spielt in Nicaragua eine ähnliche Rolle wie sonst in Mittelamerika auch. Das Land wurde im 16. Jahrhundert von den Spaniern kolonisiert. Der Anbau und die Produktion von Zigarren begann aber erst richtig mit der entsprechenden Nachfrage aus den Vereinigten Staaten.

## Eine bewegte Geschichte

Erst in den 1960er-Jahren wurde man auf die Möglichkeiten der Zigarrenproduktion in Nicaragua aufmerksam. Die Marke Joya de Nicaragua fand überall Beifall. Es war ein Segen für die lokale Tabakwirtschaft, als der Kubaner José Padrón 1970 die Produktion aufnahm. Die Kämpfe zwischen den Sandinisten und den Kontras in den folgenden Jahren brachte große Verwüstungen von Orten, Plantagen und Fabriken mit sich. Zu allem Überfluss schädigte in den 1980er-Jahren der Mehltau die Pflanzen und die eingelagerten Vorräte erheblich. Die Tabakindustrie brauchte nach dem Ende der Sandinisten 1988 zehn Jahre, um ihren heutigen Status zu erreichen. 1998 richtete, wie in Honduras, der Hurrikan »Mitch« schwere Schäden an und vertrieb etliche Tabaqueros nach Costa Rica.

## Ein Land mit Zukunft

Heute sind die Fachleute wieder da. Man hat nicht nur eine gemeinsame Grenze mit Honduras, sondern auch einen ähnlich fruchtbaren Boden und ausreichend Wasser. Die Hauptanbaugebiete sind das Jalapa-Tal um Estelí und Ocotal im Nordosten und die Insel Omotepe mitten im Nicaraguasee. Hier baut man Connecticut-Tabak für Deckblätter an, ebenso Criollo als Umblatt und Einlage. Auch die Mehltau-resistenten Sorten Habana 92 und Habana 2000 werden angebaut.

Die Regierung unterstützt die Kultivierung von Land. Damit und mit den niedrigen Lohn- und Materialkosten erreichen die nicaraguanischen Zigarren ein erstaunliches Preis-/Leistungsverhältnis. Wenn man die seit langem gepflegten Fertigkeiten und Fähigkeiten sowie die beständigen Qualitätsverbesserungen betrachtet, kann man davon ausgehen, dass der Zigarrenexport aus Nicaragua stetig zunehmen wird.

---

**Beste Marken aus Nicaragua**
Joya de Nicaragua
La Meridiana
Padrón

# Weitere Zigarrenländer – 1 –
## Mexiko, Costa Rica, Ecuador, Jamaika, Brasilien

**Mexiko**

Der Ursprung des Tabakrauchens dürfte in Mexiko liegen. Die Mayas kultivierten die einheimische Pflanze Nicotiana Tabacum schon vor 3000 Jahren. Das heilige Kraut wurde nur von hohen Priestern geraucht, um mit den Göttern in Kontakt zu treten; es wurde auch als Heilmittel genutzt, besonders gegen Fieber. Nach Erreichen der Unabhängigkeit 1821 begann Mexiko eine Tabakwirtschaft aufzubauen. Nach dem amerikanischen Embargo gegen Kuba 1962 stieg der internationale Absatz bedeutend an.

Heute ist Mexiko mit 10 Millionen Zigarren der viertgrößte Lieferant der Vereinigten Staaten. Die Plantagen im San Andrés-Tal in der Provinz Veracruz bringen einen exzellenten dunklen und für Deckblätter geeigneten Tabak hervor. Die Sorten sind Criollo und Abkömmlinge von Tabak aus Sumatra, die holländische Pflanzer nach dem Zweiten Weltkrieg aus Indonesien mitgebracht haben. Mexikanische Zigarren sind für ihre Ausgewogenheit, Konsistenz und günstige Preise bekannt.

*Beste Marken: Cruz Real, Excelsior, Santa Clara, Te-Amo, Vera Cruz.*

**Costa Rica**

Das Land, dessen Namen »reiche Küste« bedeutet, liegt südlich von Nicaragua. Zum Zigarrenland wurde Costa Rica eigentlich erst nach dem Hurrikan von 1999, dessen Zerstörungen in Nicaragua etliche Tabakspezialisten hierher führte. Die Deckblätter genießen einen guten Ruf.

*Beste Marken: Bahia Gold, CAO.*

## Ecuador

Das tropische Klima des zwischen Kolumbien und Peru gelegenen Landes ist für den Tabakanbau günstig. Connecticut-Tabak gedeiht hier vorzüglich. Die Deckblätter sind wegen ihrer Qualität und ihres Preises sehr gefragt.

*Beste Marken: Es werden keine eigenen Zigarren hergestellt, sondern Deckblätter nach Honduras (Bances, Cuba Aliados, Habana Gold), Nicaragua (Joya de Nicaragua) und in die Dominikanische Republik (Bauza, Sosa) geliefert.*

## Jamaika

Als Kolumbus 1494 im »Land der Quellen«, Xamaica, landete, rauchten die Arawaks gerollte Tabakblätter. Unter britischer Herrschaft begann 1655 die Plantagenwirtschaft, und rund um Kingston entstanden Manufakturen; die Zigarren gab es lange Zeit nur in Großbritannien. Nach 1962 entdeckte man sie auch in den Vereinigten Staaten (derzeit bis zu 15 Millionen Stück pro Jahr), aber kaum in der übrigen Welt.

Der Tabak hier stammt von kubanischen, dominikanischen, mexikanischen und honduranischen Sorten ab. Deckblätter kommen aus Connecticut, Brasilien und Indonesien.

*Beste Marken: Cifuentes, Macanudo, Temple Hall.*

## Brasilien

Brasilien ist mit fast 300 000 Tonnen der zweitgrößte Tabakexporteur der Welt. Die Tabakgeschichte reicht bis ins 17. Jahrhundert zurück. Im Staat Bahia befinden sich viele große Plantagen. Der beste Tabak stammt aus Mata Fina, Mata Norte und Mata Sul. Die Zigarren finden besonders in den Vereinigten Staaten wegen ihres vollen Geschmacks immer mehr Anerkennung. Die dunklen Deckblätter verleihen ihnen ein robustes Äußeres, aber sie vereinen beim Rauchen Fülle und Milde.

*Beste Marken: Don Pepe, Suerdieck.*

# Weitere Zigarrenländer – 2 –
## Vereinigte Staaten, Kanarische Inseln, Indonesien, Philippinen, Kamerun

### Vereinigte Staaten

Die Vereinigten Staaten sind sowohl der größte Produzent als auch der größte Konsument von Zigarren auf der Welt. Aber seit die amerikanischen Zigarren aus Kostengründen maschinell hergestellt werden, fehlt es ihnen an Aroma und Geschmack, zumindest im Vergleich zu den besten Zigarren aus anderen Ländern. Im Allgemeinen schmecken sie grün, häufig süßlich und sind künstlich aromatisiert. Ihre glanzlosen Deckblätter sind mit Tabakpulver bestäubt.

Begonnen hat die amerikanische Tabakindustrie in Virginia. Heute ist Florida der Hauptproduzent mit dem Schwerpunkt auf Zigarillos. Auch in Maryland und Kentucky gibt es Plantagen. Das Juwel des amerikanischen Tabaks wächst auf 1000 Hektar in Connecticut auf sandigem Lehmboden: Hier werden schon seit langem die teuersten Deckblätter der Welt unter riesigen Gazeplanen zum Schutz gegen zuviel Sonne produziert.

*Beste Marken: Hava Tampa und Grenadiers werden maschinell hergestellt und dürfen nicht mit handgemachten Zigarren wie La Gloria Cubana verwechselt werden, die es seit zwanzig oder dreißig Jahren gibt.*

### Kanarische Inseln

Wenn die kanarischen Zigarren keine größere internationale Rolle spielen, so liegt das nicht an einem Mangel an Erfahrung in der Branche – Zigarren werden hier schon lange produziert. Die meisten Plantagen liegen auf La Palma, wo in den Bergen von Breña Alta Tabak für Einlagen angebaut wird. Die Deckblätter wachsen im Norden in Caldera del Tabariente. Man bedient sich hier der kubanischen Methoden zur Zigarrenherstellung. Die Inseln sind der letzte Ort in Europa, an dem Zigarren von Hand hergestellt werden.

*Beste Marken: S. T. Dupont, Peñamil, Vargas.*

### Indonesien

Als Land der Pfeifen und des Opiums interessierte man sich in Indonesien erst im 19. Jahrhundert für Tabak, obwohl die Pflanze schon zweihundert Jahre zuvor an die Küsten gelangte. Die Produktion handgemachter Zigarren gehört zum holländischen Erbe.

Tabak wächst auf Sumatra, Java und Borneo. Aus Sumatra kommt ein brauner Tabak, dessen milde dünne Blätter exzellente Deckblätter ergeben. Java produziert weniger gute Deckblätter. Der Einlage-Tabak »Dutch Flavor« kommt aus Borneo. Er ist trocken, hat einen leicht bitteren Geschmack und ein unkompliziertes Aroma.

*Beste Marken: Calixto Lopez, Montague.*

*In den Vereinigten Staaten, vornehmlich in Florida und Kalifornien, finden sich kleine »Galeras«, in der zumeist kubanische Immigranten »fast wie zu Hause« Zigarren von Hand rollen (rechte Seite).*

### Philippinen

Die Leute aus der Tabakindustrie des Landes bestehen darauf, dass Magellan persönlich den Tabak 1521 aus Brasilien auf die Inseln brachte. In Asien spielt der philippinische Tabak eine führende Rolle. Die beste Zeit für Zigarren war das 19. Jahrhundert, als man Havannas als einzige für vergleichbar mit »Manila«-Zigarren hielt – in dieser Reihenfolge. Heute genießen die Zigarren keinen so guten Ruf – sie sind stark, bitter und haben wenig Geschmack.

*Beste Marken: Double Happiness, La Flor de la Isabela.*

### Kamerun

In den 1980er-Jahren schien die Herstellung von rein kamerunischen Zigarren unmittelbar bevorzustehen – man wartet heute noch darauf.
Die Plantagen liegen in der Region Bertoua nahe der östlichen Landesgrenze.

*Beste Marken: Es gibt keine kamerunischen Zigarren, aber einige dominikanische Marken wie Arturo Fuente, La Aurora und Montecruz haben Deckblätter aus Kamerun.*

# Tabakanbau – Vom Setzling zur Casa de Tabaco

Der Anbau der Tabakpflanzen verläuft im Wesentlichen überall so wie hier am kubanischen Beispiel beschrieben. Die Vegueros (Pflanzer) bereiten Ende August den Boden vor. Das Wachstum dauert von Oktober bis Ende März oder Anfang April. Zuerst werden die Setzlinge für Deckblätter gesetzt, dann folgen im November nach und nach die Setzlinge für den Einlage-Tabak. Der Anfang November gepflanzte Tabak wird Ende Januar geerntet, der von Mitte November bis Anfang März und der von Ende November in den ersten Apriltagen. Dann wird der Boden sich selbst zur Regeneration überlassen. Wenn die Setzlinge aus der Semillero (Saatzuchtanlage) kommen, sind sie 8–13 cm groß. Drei Monate später ist die Pflanze 1,75 m hoch.

### Erstaunliche Schönheit

In jedem Moment ihres Wachstums bilden die Pflanzen mit ihren leuchtend grünen Blättern einen Kontrast zur roten Erde. Spektakulär wird der Anblick, wenn die großen Baumwollbahnen (Tapados) über die Deckblattpflanzen (Caballerias) gespannt sind, um sie vor Regen und Wind zu schützen und ihnen optimale Bedingungen zu schaffen.

Die Blätter für die äußere Umhüllung der Zigarren müssen absolut perfekt, groß, gleichmäßig und fleckenlos sein. Die gigantischen weißen Gazebahnen sollen weniger dem Wachstum, sondern der Qualität der Blätter dienen.

### Sechs Etagen

Ob es sich um Tabaco del Sol für Einlage und Umblätter oder Tabaco Tapado für die wertvollen Deckblätter handelt – die Pflanze wird von unten nach oben in sechs Etagen eingeteilt: libre de pie, uno y medico, centro ligero, centro fino, centro gordo und corona. Die Blätter werden von unten nach oben gepflückt. So kann genau gezählt werden, wie viele Blätter eine Cosecha (Ernte) erbringt. Die Intensität der Blätter nimmt natürlich mit dem Wachstum zu. Die Etagen werden jede für sich etwa im Abstand einer Woche geerntet. Die sorgfältige Ernte zum richtigen Zeitpunkt ist eine wichtige Voraussetzung für das spätere Mischen der Tabake.

### Trocknung und erste Fermentation

Die Blätter werden nach dem Pflücken mit ihren Stielen vorsichtig zu den Casas de Tabaco gebracht. Diese Trockenschuppen aus Holz sind gut belüftet. Die Blätter werden paarweise zu so genannten »Händen« zusammen gebunden und aufgehängt. Nach drei Monaten haben sie die meiste Feuchtigkeit verloren. Ihre Farbe reicht dann von grün über gelb zu hellbraun, die Aromen sind optimal konzentriert. Nun sind die Blätter bereit für die erste Fermentation. Dazu werden sie zu Gavillas (Bündeln) geschichtet. Je nach der vorgesehenen Verwendung als Einlage, Umblatt oder Deckblatt dauert diese Fermentation drei bis acht Wochen. Nach einer Sortierung folgt die wichtige zweite Fermentation.

*Tapados als Sonnen- und Windschutz über Deckblättern (links). Trocknende Tabakblätter in einer Casa de Tabaco; deutlich sind die paarweise zu »Händen« zusammengebundenen Blätter zu erkennen (rechts).*

# Herstellung – Die Kunst des Torcedor

Bevor der Tabak in die Hände des Torcedor gelangt, durchläuft er noch eine weitere Entwicklung, in der er seine endgültige Farbe annimmt, die Bitterkeit verschwindet und die aromatische Komplexität entsteht.

### Die weitere Fermentation

Nach der ersten Fermentation im Casa de Tabaco kommen die Einkäufer der Fábricas in die Escogida, das Haus, in dem die Blätter sortiert werden. Die Deckblätter werden wieder befeuchtet und in Garben (Tercios) gebündelt, die mit Palmenblättern zur besseren Fermentation und Belüftung abgedeckt werden.

Einlagentabak fermentiert in Fässern bei hoher Temperatur und wird zur Belüftung häufig umgeschichtet. Mehrfach am Tag wird dieser etwas über einen Monat dauernde Vorgang kontrolliert. Danach folgt eine zweite Sortierung, bei der jedes Blatt auf seine Eignung für Zigarren geprüft wird. Abschließend folgt die weitere Fermentation (häufig fälschlich als dritte beschrieben), die je nach Qualität ein bis drei Jahre dauert, wobei die besten Blätter häufig am längsten reifen. Dann endlich beginnt die Verarbeitung zur Zigarre.

### Die Kunst der Präzision

Die Zigarrenroller sind die Könige der Fábrica. Die Geheimnisse ihrer Kunst sind traditionell vom Vater an den Sohn oder von der Mutter an die Tochter weitergegeben worden. Frauen waren für einige Zeit die Spezialisten für das Entrippen des Blattes. Die Geschwindigkeit und Geschicklichkeit ist erstaunlich, mit der sie das Blatt glätten und den Stängel entfernen. Nach der Sortierung nach Größe und Farbe geraten sie unter die Messer des Torcedor, der mit diesen Chavetas genannten kleinen Macheten verbliebene Adern herausschneidet, bevor das Rollen beginnt.

Dabei wird immer ein bestimmtes Format gerollt, wobei es auf ein Gramm und einen Millimeter ankommt. Die ganze Kunstfertigkeit ist darauf gerichtet, jede Zigarre gleich zu machen und die Gleichmäßigkeit des Brandes und des Zuges zu garantieren. Jeder Torcedor hat fünf Arten von Tabak vor sich: Deckblätter, Umblätter und drei Sorten Einlagen. Darunter ist der Ligero der stärkste, Seco der aromatischste und Volado der am besten brennbare. Zunächst schneidet er ein halbes Deckblatt an beiden Enden zu. Dann nimmt er zwei halbe Umblätter und rollt sie mit den drei zusammengepressten Einlagen zu so genannten Muneca, der Puppe. Dann wird die Puppe in das Deckblatt gewickelt und mit einem geschmacklosen, pflanzlichen Harz versiegelt. Abschließend wird der runde Kopf geformt, Überstände und der Fuß abgeschnitten, bevor der Körper mit der stumpfen Seite der Chaveta geglättet wird.

### Mensch gegen Maschine

Aus einer Vielzahl von Gründen, die zumeist direkt mit den Lohnkosten zusammenhängen,

haben sich viele Marken für eine maschinelle Produktion entschieden. In den Vereinigten Staaten, dem größten Zigarrenproduzenten, ist fast keine Zigarre hecho a mano oder totalmente a mano. Andererseits haben sie die »Sucking Machine« erfunden, die zur Qualitätskontrolle eine Zigarre nach der anderen in Kette raucht. Diese werden auch in der Dominikanischen Republik benutzt. Es gibt jedoch keinen Ersatz für eine handgemachte Zigarre. Feine, dünne Deckblätter können nur von Menschen gehandhabt werden, Maschinen würden sie im Nu zerreißen. Große Zigarren entstehen nur durch die Geschicklichkeit und Erfahrung der Torcedores.

# Galeras – Vom Tabak zur Zigarre

Die Galera ist das Herz der Fábrica. Der Begriff ist kubanisch und stammt aus der Zeit, als die Arbeiter in Zigarrenfabriken überwiegend Sträflinge waren. Die Aufteilung des Raumes mit den konzentriert in langen Reihen an ihren Werkbänken (Vapores) arbeitenden Torcedores erinnert an Galeeren.

### Ein wohlgehütetes Geheimnis

Eine der Merkwürdigkeiten bei den Galeras ist die Tatsache, dass sie häufig Zigarren für fremde Marken herstellen. Bolívar, Cohiba, Ramón Allones und La Gloria Cubana werden bei Partagás produziert, Montecristo, Diplomáticos und Vegas Robaina bei H. Upmann. Das ist deshalb möglich, weil die Roller zwar genaue Anweisungen über die zu verwendende Tabakmischung bekommen, aber nie erfahren, welche Bauchbinde die Zigarre schließlich erhält. Die Bauchbinde wird weit weg von jeder Galera in der Escaparate umgelegt, einem Kabinett mit konstanter Luftfeuchtigkeit und Temperatur.

### Die Namen der Galeras

So wie jede Marke Namen und Definitionen für ihre Formate und Modelle hat, haben die Zigarrenmacher eine weitere Ebene präziser Klassifikation festgelegt. Eine »Lonsdale« zum Beispiel kann als Dalia oder Cervantes bezeichnet werden, eine »Gran Corona« als Corona Gorda, Corona Grande oder Cazador. Diese Bezeichnungen werden Galeras genannt, von denen es 52 in Kuba gibt. Im zweiten Band »Die feinsten Zigarren der Welt« werden sie von der größten zur kleinsten präsentiert, dazu die Angaben der Länge, des Durchmessers und des Ringmaßes. Das Ringmaß ist der Durchmesser, ausgedrückt in einem Vielfachen eines vierundsechzigstel Inches. Ringmaß 64 würde also einen Durchmesser von 1 in. (2,54 cm) bedeuten.

---

**Der Vorleser**
Die Tradition des Vorlesens entstand zu der Zeit, als Sträflinge die Zigarren rollten. Wahrscheinlich entwickelte sie sich von der ursprünglichen Aufsicht allmählich zur Unterhaltung und Erziehung. Heute wird hierbei sehr auf Qualität geachtet.

*Die ordentliche Aufreihung der Vapores stammt aus der Zeit, als Sträflinge die Zigarren rollten. Doch die Zeiten haben sich geändert. Die Stille im Raum hat etwas mit der Konzentration auf die Arbeit und den Vorleser zu tun.*

| Galera | Länge (mm/inches) | Durchmesser (mm) | Ringmaß | Format |
|---|---|---|---|---|
| Pirámide | 156/6 ⅛ | 20,64 | 52 | Torpedo |
| Campana | 140/5 ½ | 20,64 | 52 | Torpedo |
| Exquisito | 145/5 ¾ | 17,82 | 45 | Figurado |
| Gran Corona | 235/9 ¼ | 18,65 | 47 | Especial |
| Prominente | 194/7 ⅝ | 19,45 | 49 | Double Corona |
| Julieta | 178/7 | 18,65 | 47 | Churchill |
| Corona Gorda | 143/5 ⅝ | 18,26 | 46 | Gran Corona |
| Robusto | 124/4 ⅞ | 19,84 | 50 | Robusto |
| Hermoso N° 4 | 127/5 | 19,05 | 48 | Robusto |
| Dalia | 170/6 ⅗ | 17,07 | 43 | Lonsdale |
| Cervantes | 165/6 ½ | 16,67 | 42 | Lonsdale |
| Corona Grande | 155/6 ⅐ | 16,67 | 42 | Gran Corona |
| Corona | 142/5 ⅝ | 16,67 | 42 | Corona |
| Mareva | 129/5 ⅛ | 16,67 | 42 | Petit Corona |
| Almuerzo | 130/5 ⅛ | 15,87 | 40 | Petit Corona |
| Minuto | 110/4 ⅜ | 16,67 | 42 | Très Petit Corona |
| Laguito N° 1 | 192/7 ½ | 15,08 | 38 | Gran Panetela |
| Delicado | 185/7 ¼ | 14,29 | 36 | Gran Panetela |
| Panetela Larga | 175/6 ⅞ | 11,11 | 28 | Panetela |

# Qualitätskontrolle

Die Spitzenqualität der besten Zigarren ist das Ergebnis zahlreicher Qualitätskontrollen in jedem Stadium der Produktion. Die Hersteller sind sich der gewachsenen Erwartungen der Aficionados bewusst.

**Der Geschmackstest**
Wenn die Roller ihre Zigarren fertig gestellt haben, werden sie zu einem Bündel von 50 Stück, genannt »halbes Rad«, zusammengebunden und mit der Nummer des Rollers und dem Datum gekennzeichnet. Nachdem sie die Prüfung nach Größe, Durchmesser, Konsistenz, Kompaktheit, Textur und Farbe durchlaufen haben, wird ihr Geschmack getestet. Die Tester bewerten streng nach den folgenden fünf Kriterien:
- *Zug:* Es gibt sieben Stufen von sehr exzessiv bis sehr unzureichend.
- *Stärke:* Es gibt acht Stufen von sehr stark bis sehr leicht.
- *Aroma, Brand, Geschmack:* Es gibt sechs Stufen von exzellent bis sehr schlecht.

Zusammengenommen bilden diese Eigenschaften die Charakteristik einer Zigarre. Die Noten der blinden Verkostung werden einem Manager übergeben, der sie über die Nummer einem Roller zuordnen und entsprechend eingreifen kann. Bei einer schlechten Beurteilung muss sich der Roller rechtfertigen. Wenn ein Tester zu einem sehr abweichenden Ergebnis kommt, probiert er eine wei-

*Eine Guillotine zum Abschneiden des Fußes. Dies ist ein wichtiger Schritt, weil jedes Format seine präzisen Maße hat. Das Bild ist nicht ganz richtig, weil die Bauchbinde erst später hinzugefügt wird (links).*
*Die Präzision des Schnitts ist sehr wichtig, weil sie das Anzünden und damit den ganzen Brand beeinflusst (unten).*

tere Zigarre aus dem Bündel. Bleibt er bei seinem negativen Urteil, wird die Zigarre auseinandergenommen und genau analysiert. Wenn ein Fehler vorliegt, werden die Zigarren der Serie zurückgezogen und der Torcedor zur Verantwortung gezogen.

### Kontrolle per Augenschein

Als Nächstes kontrolliert ein Spezialist die Form des Kopfes und des Fußes. Er oder sie wählt dann zufällig zehn Zigarren aus dem halben Rad aus und prüft ihre Farbe, die Form, das Deckblatt und die Festigkeit. Der Gesamteindruck und die Geschmeidigkeit sind von äußerster Wichtigkeit. Die Anfühlung sagt etwas über die Qualität des Rollens aus, die für den Brand entscheidend ist. Gelegentlich muss ein Torcedor die Zigarre in ein neues Deckblatt rollen. Aussortierte Zigarren, so genannte Rezagos, dürfen von den Angestellten geraucht werden.

Weitere Überprüfungen gibt es, wenn die Zigarren nach Farben sortiert, mit der Bauchbinde versehen und von den Envasadores in die Kisten verpackt werden. Die dunkelste Zigarre kommt nach links, die hellste auf die rechte Seite. Diese penible Genauigkeit in allen Stufen ist die einzige Garantie für die Perfektion des Produktes.

> **Unter Kontrolle**
> Ein Torcedor genießt zwar großen Respekt, unterliegt aber auch strengen Kontrollen. Nur die Erfahrensten und Geschicktesten dürfen Premium-Zigarren rollen, die auch am strengsten kontrolliert werden. Etwa 20 Prozent ihrer Produktion wird nach dem Zufallsprinzip überprüft. Normalerweise haben nur zwei Zigarren aus einem Bündel kleine Fehler. Wenn es mehr sind, wird das ganze Bündel kontrolliert. Sind mehr als vier Prozent fehlerhaft, wird das Gehalt des Torcedor gekürzt.

# Der Aufbau einer Zigarre

Nach Rudyard Kipling ist eine Zigarre Rauch. Gewiss. Aber was noch?

Wir haben gesehen, wie der Tabak heranwächst, wie er reift und mit welcher Sorgfalt er verarbeitet wird. Wir wissen, wie viel Geduld und Aufmerksamkeit der Tabak in jedem Stadium seines Weges erfordert und wie viel Professionalität vom Pflücken über das Rollen bis zum Prüfen der Zigarren den Prozess bestimmt. Aber nun wollen wir die Details einer Zigarre betrachten.

### Die Schlüsselzahl 3

Eine Zigarre besteht sowohl in der Längsrichtung als auch im Durchmesser jeweils aus drei Teilen. In voller Länge hat sie einen Kopf, den man zwischen die Lippen nimmt, einen Körper in der Mitte und einen Fuß, an dem sie angezündet wird. Einige Raucher beschreiben ihren Rauchgenuss abschnittsweise von Kopf bis Fuß. In der Regel beginnt er trockener, wird dann reichhaltiger und komplex und endet in einem opulenten Finale. Von innen nach außen betrachtet besteht eine Zigarre zunächst aus der Einlage, einer Mischung verschiedener Tabake (in Kuba Seco, Ligero und Volado, siehe dazu S. 24). Die Haupteigenschaften des Geschmacks werden hiervon bestimmt. Die Einlage wird von einer Schicht umhüllt, dem Umblatt, das üblicherweise aus zwei halben und kleineren Blättern besteht als das äußere Deckblatt. Das Umblatt hat die Funktion, die Einlage so zusammenzuhalten, das der Brand und die Zugeigenschaften optimal sind.

Die Erscheinung einer Zigarre, der erste Eindruck, den sie hinterlässt, wird nahezu vollständig vom Deckblatt bestimmt. Aber diese Oberfläche der Zigarre sagt auch etwas über die Qualität der Herstellung und ihren Reifezustand aus, ist also zugleich mehr als nur das Äußere. Das Deckblatt sollte weich, gleichmäßig und fleckenlos sein. Grüne Flecken sind ein Zeichen für zuviel Chlorophyll, Schimmel zeigt sich durch grauen oder weißlichen Belag. Winzige weiße Flecken sind akzeptabel. Sie stammen von einer geringfügig zu großen Feuchtigkeit und können abgewischt werden. Wenn die Zigarre Löcher hat, ist sie vom Tabakkäfer *Lasioderma serricorne* befallen.

### Totalmente, Hecho oder Machine?

Bis hierher haben wir die Herstellung der besten Zigarren ins Auge gefasst. Diese Methoden gelten aber nicht für alle. Es gibt drei Herstellungsweisen.

• *Totalmente a mano:* Diese Bezeichnung, außerhalb Kubas manchmal »hand made« oder »made by hand«, ist die einzig gesetzmäßig definierte. Von der Mischung des Einlagetabaks bis zum Rollen wird alles von einem Torcedor von Hand ausgeführt und nur die Chaveta, das Messer, benutzt. Der Neuling mag sich über die Gleichmäßigkeit der Ergebnisse wundern, der Experte kann minimalste Abweichungen erkennen: Beides belegt, dass es sich um eine menschliche Kunst handelt.

*Diese Beispiele zeigen die verblüffende Formenvielfalt bester handgemachter Köpfe.*

- *Hecho a mano:* Diese traditionelle Bezeichnung wird in Kuba nicht mehr verwandt und heißt nun Hecho en Cuba. Sie gilt für Zigarren, deren äußere Schichten – also Um- und Deckblatt oder nur das Deckblatt, je nach Firma – von Hand gerollt wurden. Bei diesen Zigarren wird die Einlage (Tripa Corta/Bruchtabak) mithilfe eines Instrumentes in Form gebracht, um die nötige Festigkeit und den größtmöglichen Ertrag zu erzielen. Aficionados bedauern den Verlust an Geschmack.

- *Machine:* Die schnellste Methode. Maschinell hergestellte Zigarren bilden neun Zehntel des Weltmarktes, ein Zeichen des Erfolges mit weniger edlem Tabak. Das Umblatt besteht zumeist aus Presstabak, das Deckblatt aus weniger öligen Blättern wird von Maschinen geschnitten und aufgebracht.
Ein guter Torcedor schafft etwa hundert Zigarren am Tag, Maschinen zwischen vierhundert und achttausend in der Stunde.

# Große Formate

*In verkleinerter Größe von rechts nach links: Montecristo »A«, Romeo Julieta Exhibición N° 2, Trinidad Fundadores, Partagás 155. Jahresta (Salomones, ein viel versprechendes neues Format mit 180 mm Länge und Ringmaß 48), Saint Luis Rey Churchills, Rafael González Slende rellas, La Gloria Cubana Médaille d'Or N° 2, Rafael González Lonsdales, H. Upmann N° 2.*

Unser Überblick über die Formate geht von den größten zu den kleineren und erwähnt auch Sonderformate.

## Sonderformate
Sie werden aus reinem Vergnügen am Handwerk oder zu besonderen Ereignissen oder Ehrungen hergestellt und haben sehr eigene Formen und Größen. Diese Sammlerstücke gibt es nur in kleinen Stückzahlen.

## Especial (Gran Corona)
Mit einer Länge von 235 mm und einem Ringmaß von 47 (18,65 mm) das größte klassische Format.
*Siehe Hoyo de Monterrey Limitierte Auflage und Montecristo »A« (Gran Coronas).*

## Double Corona (Prominente)
Ein legendäres Format und lange das Modell für den wahren Connaisseur. Sie ist 194 mm oder länger und hat das Ringmaß 49 (19,45 mm).
*Siehe Hoyo de Monterrey Double Coronas, Partagás Lusitanias, Punch Double Coronas, Ramón Allones Gigantes, Romeo y Julieta Exhibición N° 2, Vegas Robaina Don Alejandro.*

## Churchill (Julieta)
Mit 178 mm eine schöne Länge, das Ringmaß ist 47 (18,65 mm), und benannt nach wem?
*Siehe Bolívar Coronas Gigantes, El Rey del Mundo Taínos, La Gloria Cubana Taínos, H. Upmann Sir Winston, Punch Churchills, Quai d'Orsay Imperia-*

*les, Romeo y Julieta Churchills, Saint Luis Rey Churchills, San Cristobal El Morro.*

## Dalia
Das Format ist nach der Galera benannt, aus der es ursprünglich stammt, und wurde früher Lonsdale oder Superlonsdale genannt. Sie ist 170 mm lang und hat das Ringmaß von 43 (17,07 mm).
*Siehe Bolívar Immensas, Cohiba Siglo V, La Gloria Cubana Médaille d'Or N° 2, Ramón Allones 8-9-8 Lackiert.*

## Lonsdale (Cervantes)
Mit Ringmaß 42 (16,67 mm) und einer Länge von 165 mm wurde dieses elegante und rassige Format für Lord Lonsdale kreiert.
*Siehe La Gloria Cubana Sabrosos, Partagás Lonsdales Cabinet Selection, Rafael Gonzáles Lonsdales, Sancho Panza Molinos.*

## Figurado (Pirámide, Campana, Exquisito)
Die Köpfe dieser Formate verengen sich alle, um den Geschmack zu konzentrieren. Die Längen schwanken zwischen 140 und 156 mm, die Ringmaße zwischen 45 und 52 (17,82 und 20,64 mm). Die Torpedo ist die bekannteste unter ihnen.
*Siehe Cohiba Millenium 2000, Diplomáticos N° 2, H. Upmann N °2, Montecristo N° 2, Partagás Pirámides Limitierte Auflage, San Cristóbal La Punta, Vegas Robaina Únicos (Pirámides), Bolívar Belicosos Finos, Romeo y Julieta Belicosos (Campanas), Cuaba Exclusivos (Exquisito).*

# Mittlere Formate

*In verkleinerter Größe von rechts nach links:*
*Cohiba Coronas Especiales, Hoyo de Monterrey Le Hoyo des Dieux,*
*Cuaba Exclusivos, H. Upmann Magnum 46, Ramón Allones*
*Coronas Cabinet Selection, Romeo y Julieta Belicosos.*

Die Mittelformate passen am besten zum aktuellen Lebensstil und sind am meisten gefragt. Die moderne Hektik, das größere Angebot seit den 1980er-Jahren und ihr voller Geschmack hat viele Zigarrenliebhaber von den größeren Formaten weggeführt. Die mit 120 bis 145 mm angenehme Größe und der volle und komplexe Geschmack einer Robusto hat ihr viele Liebhaber gebracht. Wenn die Dinge sich entsprechend weiter entwickeln, wird die Zukunft der Petit Corona gehören ...

### Robusto, Hermoso N° 4
Die Robusto ist 124 mm lang, Ringmaß 50 (19,84 mm), die Hermoso ist 3 mm länger mit einem Ringmaß von 48 (19,05 mm). Diese Formate verbinden eine kurze Rauchzeit mit reichem Aroma. Sie wurden bei einer neuen Generation von Aficionados beliebt, die beste Qualität in kürzester Zeit suchen.
*Siehe H. Upmann Connoisseur N° 1, El Rey del Mundo Cabinet Selección Choix Suprême, Romeo y Julieta Exhibición N° 4, San Luis Rey Regios (Hermosos N° 4), Bolívar Royal Coronas, Cohiba Robustos, Juan Lopez Selección N° 2, Montecristo Robustos Limitierte Auflage, Partagás Série D N° 4, Ramón Allones Specially Selected (Robustos).*

### Corona Grande
Dies ist eine neue »Familie« von Zigarren, die nach der Galera benannt sind: ein Beweis für die Nachfrage nach solchen Formaten und die Methode, sie nach der jeweiligen Galera zu benennen. Die drei hier angeführten Beispiele sind 155 mm lang und haben das Ringmaß 42 (16,67 mm). Früher hießen sie Corona, Gran Corona oder Lonsdale. *Siehe Cohiba Siglo III, Hoyo de Monterrey Le Hoyo des Dieux, Punch Super Selection N° 1.*

### Gran Corona (Corona Gorda)
Mit seiner Länge von 143 mm und einem Ringmaß von 46 (18,26 mm) entwickelt dieses Format eine feine Palette von Aromen. Man darf es nicht mit der Galera Gran Corona verwechseln, deren Zigarren 235 mm lang sind und das Ringmaß 47 (18,65 mm) haben.
*Siehe Cohiba Siglo IV, Hoyo de Monterrey Épicure N° 1, H. Upmann Magnum 46, Juan Lopez Selección N° 1, Punch Royal Selection N° 11, Punch Black Prince, Punch Super Selection N° 2, Rafael González Coronas Extra, Saint Luis Rey Série A, San Cristóbal La Fuerza.*

### Corona
Bevor die Robustos populär wurde, war die Corona mit einer Länge um 142 mm und einem Ringmaß von 42 (16,67 mm) führend bei den mittelgroßen Zigarren. Das gut zu rauchende Format ist nach wie vor sehr beliebt.
*Siehe Partagás Coronas Cabinet Selection, Ramón Allones Coronas Cabinet Selection, Romeo y Julieta Coronas, Sancho Panza Coronas.*

# Kleine Formate

*In verkleinerter Größe von rechts nach links: Ramón Allones Petit Coronas, Gérard Père et Fils 444, H. Upmann Connoisseur N° 1, San Cristóbal de La Habana El Príncipe, Cohiba Siglo I.*

Man darf die Kleinen nicht übersehen – sie spielen auch eine wichtige Rolle. Man muss kein Soziologe sein, um zu verstehen, das eine Petit Corona für viele Alltagssituationen besser passt als eine Churchill. Aber eine Warnung für Anfänger ist erforderlich, die lieber mit einer kleinen Zigarre einsteigen wollen: Einigen mangelt es an Feinheit, sie können sogar bitter und schärfer als erwartet sein. Der kleine Durchmesser bringt es mit sich, dass sie dichter gerollt sind und weniger Sauerstoff hindurch strömt, weshalb sie weniger mild und manchmal störungsanfällig brennen. Die von uns genannten gehören natürlich zu den besten und haben diese Mängel nicht. Sie können mit ihrer Frische, den reichen Aromen und dem würzigen Geschmack überraschen.

## Petit Corona (Mareva, Almuerzo)

Beide sind ungefähr 129 mm lang, die Mareva hat ein Ringmaß von 42 (16,67 mm), die Almuerzo von 40 (15,87 mm, Länge 130 mm). Weil die Brenndauer in einem ausgezeichneten Verhältnis zu ihrem Geschmack steht, sind sie heute bei vielen Zigarrenrauchern der Favorit.
*Siehe Bolívar Petit Coronas, Cohiba Siglo II, Partagás Petit Coronas Cabinet Selection, Por Larrañaga Petit Coronas Cabinet Selection, Punch Petit Coronas, Punch Royal Selection N° 12, Rafael González Petit Coronas, Ramón Allones Petit Coronas, Saint Luis Rey Petit Coronas (Marevas), Hoyo de Monterrey Le Hoyo du Prince (Almuerzo).*

## Très Petit Corona (Minuto)

Die Zigarre ist 110 mm lang und hat ein Ringmaß von 42 (16,67 mm). Man raucht sie am besten vormittags, wenn ihre Frische eine kräftigende Wirkung entfaltet.
*Siehe Partagás Shorts, Ramón Allones Small Club Coronas, San Cristóbal El Príncipe.*

## Panetela
### (Laguito N° 1, Delicado, Panetela Larga)

Diese eleganten Formate sind eigentlich keine kleinen Zigarren. Sie gehören eher zu den langen, was aber wegen der kleinen Ringmaße nicht passt. Mit einer Länge von 192 mm und einem Ringmaß von 38 (15,08 mm) führt die Laguito N° 1 die Klasse an, gefolgt von der 185 mm langen Delicado, mit dem Ringmaß von 36 (14,29 mm) und der Panetela Larga mit 175 mm Länge und einem Ringmaß von 28 (11,11 mm).
*Siehe Cohiba Lanceros, Trinidad Fundadores (Laguitos N° 1), La Gloria Cubana Médaille d'Or N° 1 (Delicado), La Gloria Cubana Médaille d'Or N° 3, Rafael González Slenderellas (Panetelas Largas).*

## Cigarrito und Demi-tasse
### (Laguito N° 3, Entreacto)

Wir erwähnen diese Formate nur der Vollständigkeit halber, weil sie für dieses Buch keinen ausreichenden Geschmack haben. Die Maße der Laguito N° 3 sind 115 mm und Ringmaß 26 (10,32 mm), der Entreacto 100 mm und Ringmaß 30 (11,91 mm).

# Farben

Die Deckblätter tragen zwischen fünf und sieben Prozent zum Geschmack der Zigarre bei und prägen ihre Ästhetik entscheidend. Die Textur, Geschmeidigkeit und ihr Glanz sind sehr wichtig, aber ihre Attraktivität wird am deutlichsten durch ihre Farbe bestimmt. Jeder Zigarrenraucher hat seine Vorlieben oder auch Vorurteile in dieser Angelegenheit.

Das erste Missverständnis besteht in der Auffassung, dass die Zigarre je stärker ist, je dunkler das Deckblatt sich darstellt. Das Deckblatt beeinflusst den Geschmack der Tabakmischung der Einlage kaum. Das zweite Missverständnis besagt, die besten Zigarren hätten bestimmte Farben. Spitzenqualität gibt es aber in jeder Schattierung. Nur Flecken, Risse oder Löcher sind negative Qualitätsmerkmale.

## Eine Frage der Etage

Die Farbe ist nicht in erster Linie Ergebnis der Fermentation, sondern der Position des Blattes an der Pflanze. Von der untersten Etage Libre de Pie bis zur obersten Corona zählen die Wachstumsbedingungen. Je höher das Blatt wächst, desto intensiver ist es der Sonne ausgesetzt und desto saftiger wird es. Deshalb sind die oberen Blätter dunkler. Außerdem werden sie später gepflückt.

## Eine fast unbegrenzte Farbpalette

Angesichts der unzähligen Nuancen ist die Beschreibung aller Zigarrenfarben unmöglich. Die kubanischen Experten unterscheiden 92 Farben. Wir beschränken uns hier auf das Wesentliche und nennen die Hauptkategorien.

- *Clarísimo:* Grün (von Gelbgrün zu Olivgrün). Besonders in den 1950er- und 1960er-Jahren war die Richtung bei den Nordamerikanern sehr beliebt. Man erhält die Farbe, wenn die Blätter der Sonne nur begrenzt ausgesetzt und dann mit Holzkohle geräuchert werden. Dabei nehmen die Blätter den Rauchgeschmack nicht an, verlieren aber ihren eigenen. Diese Deckblätter haben besonders wenig Aroma. Weil sie nicht so reifen wie die meisten anderen Deckblätter, sind sie brüchig und halten nicht lange.

- *Claro:* Von Hellblond (Claro Claro) zu Braungelb (Claro) wird diese Farbskala auch als Gold bezeichnet. Sie war in den 1960er-Jahren besonders beliebt. Die Blätter stammen von den unteren, weniger der Sonne ausgesetzten Etagen der Pflanze. Die Claro-Blätter werden später und reifer gepflückt.

- *Colorado:* Hellbraun (Colorado Claro) bis Rotbraun (Colorado) mit feurigen Nuancen und ein wenig Ocker. Die Blätter stammen vom oberen Teil der Pflanze und sind länger der Sonne ausgesetzt. In den letzten zwanzig Jahren die attraktivste Farbpalette.

• *Maduro:* Sattes Braun (Maduro Colorado) bis zu sehr tiefem Braun (Maduro). Die Blätter bilden die oberste Etage der Pflanze und sind die meist verwandten Deckblätter. Die Sonne macht sie reif und ölig mit starkem und intensivem Geschmack, nur etwas für erfahrene Raucher.

• *Oscuro* oder *Negro:* Schwarzbraun bis Schwarz. Nur die vollständig ausgereiften Blätter an der Spitze, die lange der Sonne ausgesetzt waren, können diese Farbe entwickeln. Zumeist kommen sie aus Brasilien oder Nicaragua und sind wohl nur für wenige Connaisseure geeignet, die mit ihrer Intensität umgehen können.

*Die Escogedores oder Escogedoras klassifizieren die Zigarren eines Formats nach ihren Farben. In Kuba gibt es 92 offiziell kategorisierte Farben. In der Kiste geht es von helleren Tönen links zu den dunkleren rechts.*

# Kisten und Kabinette

Außer den seltenen Zigarren, die wie José Geners Magnum einzeln bzw. einigen großen Formaten, die jeweils zu Zehnt verkauft werden, werden Zigarren in Kisten mit 25 Stück oder in Kabinetten mit 25 bzw. 50 Stück angeboten.
Beide Behältnisse sind aus bestem Zedernholz gemacht, was einen doppelten Vorteil bietet: Der natürliche Geruch der Zeder ähnelt dem von Tabak sehr und ist damit ohne Wirkung. Zugleich ist er so bitter, dass er Schädlinge abschreckt. Das Arrangement der Zigarren in beiden Fällen ist verschieden.

**Zigarrenkisten**
Es gibt drei traditionelle Formen:

• *Traditionelle Kiste mit 25 Stück:* In der traditionellen Kiste liegen zwei Lagen von Zigarren übereinander, unten 12 und oben 13. Einige Marken trennen die Lagen durch ein Zedernblatt. Sie sind immer homogen in den Farben arrangiert. Die Farbsortierer können annähernd hundert Farbnuancen auseinander halten. Jede Zigarre trägt an der exakt gleichen Stelle eine Bauchbinde. Darüber liegt häufig ein Blatt Wachspapier. Kleinere optische Anormalitäten wie leicht hervortretende Adern sind aus rein ästhetischen Gründen auf der Unterseite. Sie haben keinen Einfluss auf den Geschmack.
Die Herstellung der Kisten wird sehr sorgfältig vorgenommen, besonders auf den Innenseiten. Das Innere ist weiß gehalten. Auf der Innenseite des Deckels ist zumeist eine Vista (Ansicht) aufgeklebt, ein farbenfrohes Markenzeichen (siehe S. 42).

• *Die naturbelassene Kiste:* Das Zedernholz ist nicht lackiert. Die Kisten bieten etwas mehr Raum für die zylindrische Form der Zigarren. Die 8-9-8-Kiste hat ihren Namen nach dem dreilagigen Arrangement.

• *Die lackierte Kiste:* Der Unterschied ist einfach die Lackierung des Holzes. Es gibt bei Kisten übrigens zwei verschiedene Verschlüsse, den traditionellen und einen Druckknopfverschluss.

**Kabinette**
Diese würfelförmige Kiste wird für die besten Qualitäten genommen. Es gibt sie mit und ohne

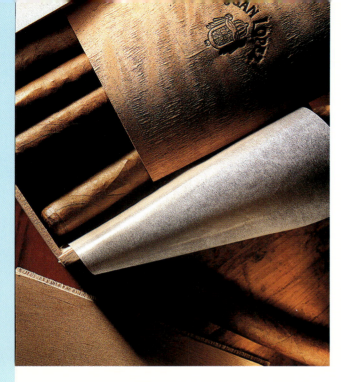

> **Ein Vergleich**
> *Kabinett*
> – Hält die Feuchtigkeit besser (die Luft kann besser zirkulieren, weil es zwischen den Zigarren keine Papierbarriere gibt), besonders bei naturbelassenem Holz.
> – Hält die Zigarren rund.
> – Man kann das ganze Bündel gleichzeitig betrachten, indem man es mit dem Band heraushebt.
> – Alle Zigarren befühlen zu können ist ein nicht zu unterschätzender Vorteil.
> – Lässt die Zigarren besser reifen und garantiert längere Lebensdauer.
> – Ist einfach ein kleines Schmuckstück.
>
> *Kiste*
> – Vorteilhaft zu stapeln.
> – Schützt die Zigarren besonders bei Reisen sehr gut.
> – Besticht durch die farbenfrohen Vistas.
> – Bietet ein unwiderstehliches Bild gleichmäßiger Schönheit.

Lackierung. Der Deckel wird herausgeschoben. Darin befindet sich entweder ein halbes Rad (50 Stück) oder ein viertel Rad (25 Stück). Ein farbiges Band mit dem Markennamen umschlingt das Bündel. Drumherum befindet sich Wachspapier, mit dem man die Zigarren auch gut herausheben kann. Ein gekrümmtes Zedernblatt schützt die Zigarre von oben.

Der Grund für diesen Aufwand ist einsichtig: Zigarren reifen in einer solchen Umgebung sehr gut. Der Vorgang ist mit dem Reifen eines guten Weines vergleichbar. In jedem Fall bewahren die Zigarren hier ihre Eleganz und Rundheit perfekt. Letztlich ist es eine Geschmacksfrage.

*Eine traditionelle Kiste. Die Bauchbinden harmonieren mit dem weißen Hintergrund (links).*
*Ein Kabinett mit Zedernblatt und Wachspapier zum Schutz des wertvollen Inhaltes (oben).*

# Vistas gestern und heute

Der Legende nach begann alles, als Ramón Allones sich 1845 entschloss, die Kisten seiner La Eminencia-Zigarren zu dekorieren. Seither gab es Tausende farbiger Habilitaciónes, am besten als »Umkleidungen« zu übersetzen.

Die Vistas sind Schmuckstücke der traditionellen Zigarrenkisten. Mit ihren religiösen, bukolischen, mythologischen und sogar historischen Szenen sind sie mehr als nur Dekoration. Häufig greifen sie Momente der Markengeschichte auf und reichern die Identität der Marke mit Legenden an.

### Kunst und Reklame

Die Vistas haben die Aufgabe, ein attraktives Bild so mit dem Markennamen zu verbinden, dass er sofort zu erkennen ist. Deshalb haben die Künstler die verschiedensten und hochmögenden Symbole verwandt: die allegorische Figur der Freiheit, die Jungfrau Maria, das Füllhorn, Porträts von Königen und Staatsmännern und so weiter.

Leuchtende Farben und viel Gold sollen nicht nur die Qualität des Produktes betonen, sondern zugleich auch die Menschen einbeziehen und rühmen, die die Zigarren herstellen, und diejenigen, die sie schließlich genießen. Deshalb bevölkern eine Reihe literarischer Gestalten wie natürlich Romeo und Julia diese ganz eigene Bildkunst.

### Andere Zeiten, andere Bilder

Heute sind die Vistas einfacher und zurückhaltender als früher. Sie zeigen Aspekte des täglichen Lebens, des Landes oder der Geschichte: Menschen bei der Feldarbeit, Gesichter von Vegueros oder Landschaften sind heute beliebt und lassen einen Wandel der Mentalität erkennen. Auch die Träume unterliegen dem Wandel.

Wir zeigen hier eine große Bandbreite von Stilen, die alle von Inspiration, Wärme und Vitalität zeugen.

*Eine kleine Auswahl von grafischen und bildhaften Stilen (oben).
Diese älteren Vistas sind bereits viel gesuchte Sammlerstücke (rechts).*

# Bauchbinden gestern und heute

Anillos sind der krönende Schmuck einer Zigarre. Die Bauchbinden werden in der Regel nach der Fumigation und der Farbsortierung angebracht, bevor die Kiste gepackt wird. Sie sind das Markenzeichen des Herstellers. Wo und wann überall auf der Welt eine Zigarre genossen wird – die Bauchbinde ist das individuelle Erkennungszeichen.

## Herr Bock

Nach der Legende erfanden spanische Aristokraten den Vorläufer der Bauchbinde, weil sie zum Schutz ihrer Handschuhe ein Band um die Zigarre wickelten. Aber die allgemein akzeptierte Entstehungsgeschichte der Bauchbinde hat mit Gustave Antoine Bock zu tun, der in den 1850er-Jahren eine Plantage auf Kuba führte. Bock entschloss sich 1854, seiner Marke durch Verwendung von Bauchbinden eine persönliche Note zu verleihen und sie von anderen abzuheben. Er stattete alle Zigarren so aus, die er exportierte, und verlieh ihnen so etwas Besonderes. Im Oktober 1854 gab der Verband der Zigarrenhersteller von Havanna dieser Neuerung seinen offiziellen Segen.

## Rot und Gold

Sobald die Bauchbinde allgemein akzeptiert war, begann der Wettlauf um die eleganteste und wirkungsvollste Form. Rot und Gold setzten sich schnell durch. Der erstaunliche Erfindungsreichtum bei den prächtigen Designs wurde zum deutlichen Unterscheidungsmerkmal zwischen den Marken. Viele Entwürfe kamen nie auf den Markt, besonders solche für spezielle Gelegenheiten, einmalige Ereignisse oder private Zwecke. Sie sind besonders geschätzte Sammlerstücke.

## Der Lauf der Zeit

Die modernen Bauchbinden sind diskreter als ihre Vorläufer und sich ihrer kommerziellen Aufgabe bewusster. In der heutigen Welt des Marketing und der Kommunikation zählt Klarheit, Präzision und schnelle Erkennbarkeit. Deshalb trägt die Bauchbinde den Markennamen, gelegentlich noch das Herkunftsland. Effektivität ist eben alles. Aber die Juwelen des alten Stils haben besonders bei den großen Marken auch noch ihre Anhänger und werden auf Auktionen hoch gehandelt.

*Bauchbinden können schlicht oder überladen sein, sind aber immer mit Gold, Rot, Schwarz und Weiß farbenfroh. Sammler schätzen den alten, barocken, fein ziselierten Stil, moderne Bauchbinden sind eher nüchtern.*

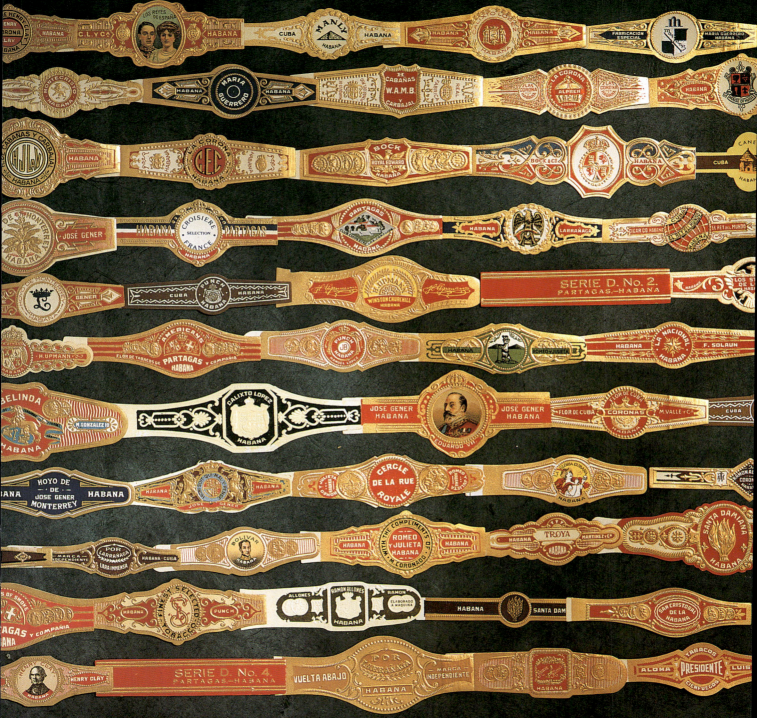

# Aufbewahrung

Die Aufbewahrung von Zigarren ist eine heiß diskutierte Angelegenheit mit vielen verschiedenen Theorien. Zigarren sind schließlich empfindlich: Sie reagieren sofort auf jede Veränderung der Temperatur oder der Luftfeuchtigkeit. Es ist nicht schwer, eine Zigarre zu zerstören. Wenn trockene Kälte ihr schlimmster Feind ist – der Körper wird steif, das Deckblatt reißt, der Geschmack wird bitter –, so sind Hitze und große Feuchtigkeit um nichts besser – die Zigarren blähen sich auf, Schimmel beginnt, die Fermentation intensiviert sich, sie schmecken breiig. Wie bei vielen Dingen ist der goldene Mittelweg die beste Garantie für den Genuss.

### Die Bedeutung der Luftfeuchtigkeit

Beim Kauf muss eine Zigarre in bester Verfassung sein. So selbstverständlich wie es scheint, ist dies gar nicht. Viele Händler mit großen Vorräten achten nicht so auf die Luftfeuchtigkeit, wie sie sollten. Manchmal präsentieren sie Zigarren in ihren originalen Tuben oder Zellophan-Umhüllungen. Eine beschädigte Zigarre ist nicht reparabel.
Eine Luftfeuchtigkeit von etwa 70 Prozent wird allgemein für die richtige gehalten, in der die besten Zigarren etwa 15 Jahre gehalten werden können. Danach fangen sie an, Geschmack und Kraft zu verlieren.

### Vor allem Konstanz

Jeder weiß, dass man Zigarren nicht in der Sonne liegen lassen oder hinter einem südwärts gerichteten Fenster aufbewahren kann. Aber man muss auch wissen, dass es ebenso zerstörerisch wirkt, wenn man sie während der Ferien im häuslichen Kühlschrank aufbewahrt, wenn man keinen Humidor hat. Kälte schädigt die Zigarre sofort. Die ideale Temperatur ist 17 bis 20 °Celsius. Letztlich entscheidend ist aber die Vermeidung eines plötzlichen oder wiederholten Klimawechsels. Die Zigarre kann zwar eine Weile etwas mehr Kälte oder Wärme aushalten, aber plötzliche Schocks, noch dazu mehrfach, sind ihr Todesurteil. Richtige Aufbewahrung bedeutet zuallererst konstante Bedingungen.

### Der englische Geschmack

Jeder Aficionado hat vom »englischen Geschmack« gehört, d.h. trockeneren Zigarren bzw. solchen, die eine geringere Feuchtigkeit haben als in Europa sonst üblich – sie liegt hier bei etwa 60 Prozent. Aber dieser Geschmack ist eher eine historische Zufälligkeit, weil in früheren Zeiten Tabak so trocken wie möglich importiert wurde, um die nach Gewicht berechneten Zölle so niedrig wie möglich zu halten. Deshalb haben Generationen englischer Raucher ziemlich trockene Zigarren geraucht.

*Die beste Methode, den Zustand einer Zigarre zu prüfen, ist ein fester Fingerdruck. In gutem Zustand hat die Zigarre nach wenigen Minuten ihre alte Form wieder (links). Zigarrendosen sind wieder im Kommen – und es sind ausgezeichnete Humidore (oben; siehe S. 49).*

47

# Humidore – Vom Holz zum Plexiglas

Die langfristige Befeuchtung verlangt auch von Profis große Kenntnisse und viel Fingerspitzengefühl. Für den Zigarrenliebhaber sind heute viele Produkte auf dem Markt, die diese Aufgabe etwas leichter machen. Man muss sich nur für einen Humidor entscheiden, der am besten zu den eigenen Bedürfnissen passt und dabei bevorzugte Formate, Größe des Vorrats und Design berücksichtigen.
Die Auswahl bei Form, Material und Funktionen ist im Übrigen groß.

**Humidore aus Holz**
Holz ist das älteste Material. Häufig aufwändig verarbeitet, liegt der Wert vorzugsweise im Ästhetischen. Ihr Problem ist die unterschiedliche Wirkung je nach Lage. Die obersten Zigarren sind gut befeuchtet, manchmal zu gut, die untersten hingegen sind trocken und verlieren ihre Geschmeidigkeit. Wenn man dann noch verschiedene Formate und Marken lagert, vermischen sich die Düfte und reduzieren die spezifischen Aromen der einzelnen Zigarren.
Nach Jahren der Nutzung kann das Holz selbst einen ranzigen Geschmack weiter geben. Es gibt natürlich viele verschiedene Verarbeitungsqualitäten, Öle und Lackierungen. Wir jedenfalls raten dazu, Humidore aus Holz nur für wenige Zigarren über einen begrenzten Zeitraum zu nutzen. Oder noch besser: Man nimmt sie wegen ihrer Eleganz nur zur Präsentation der Zigarren.

**Humidore aus Plexiglas**
Sie sind eine neuere Erfindung. Glas ist viel stärker für eine gleichmäßige und lange Lagerung geeignet, bei der die Zigarren ihre Individualität behalten. Die Qualität wird noch besser, wenn die Zigarren in ihren Kisten belassen werden. Das Zedernholz ist ein Filter und gleicht Feuchtigkeit aus. Wenn der Tabak zu trocken ist, zieht er Feuchtigkeit aus dem Holz, wenn er zu feucht ist, absorbiert das Holz die überschüssige Feuchtigkeit und schützt die Deckblätter.
Der Hauptvorteil von Plexiglas ist die Eigenschaft, die richtige Feuchtigkeit im Innenraum über längere Zeit halten zu können. Eine neue Befeuchtung ist nur etwa alle drei Monate je nach persönlichem Geschmack und nach Kontrolle des Hygrometers

> **Die Zauberformel**
> Für den optimalen Genuss bewahre man seine Zigarren in ihrer Kiste im Humidor auf. Dann lasse man sie in eine Dose umziehen, wo sie ihre Stärke wieder zurück gewinnen.

*Die Auswahl an Humidoren ist heute so groß, dass jeder das Geeignete gemäß seinen Bedürfnissen finden dürfte. Ein Plexiglas-Humidor mit Hygrometer (linke Seite). Eine lederbezogene Reisekiste, sehr elegant, aber nur kürzere Zeit wirkungsvoll (links).*

erforderlich. Auf jeden Fall muss man den Humidor von Wärmequellen fern halten. Feuchtigkeit und Hitze aktivieren eine unerwünschte Fermentation. Um perfekte Hygiene zu gewährleisten, sollte man das Wasser alle sechs bis acht Monate wechseln und den Speicher etwa alle drei Jahre.

### Zigarrendosen

Sie traten im 20. Jahrhundert auf den Plan, waren aus Glas und sahen eher wie die Dosen beim Apotheker denn wie Humidore aus, und sie waren nicht besonders wirkungsvoll. Um schnelles und vollständiges Austrocknen zu verhindern, mussten die Zigarren in einen Humidor umgelagert werden, wenn sie einmal geöffnet waren. Aber ihre Schönheit wie zum Beispiel bei den 25 oder 50 Stück enthaltenden Dosen, die H. Upmann für das Cristal-Format anbot, fand ihre Anhänger. Ende des Jahrhunderts wurden sie wieder interessant, diesmal aus Porzellan.

Wir haben nach Jahren der Forschung mit den Spezialisten von Bernardaud de Limoges eine Dose entwickelt, die Zigarren mindestens sechs Monate frisch hält. Sie gewinnen sogar an Dichte, Kompaktheit und aromatischer Konzentration, das Deckblatt bleibt perfekt weich und ölig.

Schließlich weisen wir noch darauf hin, dass es seit kürzerem Humidore aus Holz mit Befeuchtern gibt, die bis zu 1,20 m groß sind. Man wird sehen, was sie bringen …

# Reifung

Wie guter Wein braucht eine Zigarre sorgfältige Behandlung, um ihren optimalen Reifezustand zu erreichen. Es ist eine Aufgabe für Spezialisten, Zigarren auf dem Höhepunkt ihrer Entwicklung zu präsentieren.

**Die Kunst des Reifens**
Der Reifeprozess beginnt bereits vor dem Einlagern der Zigarren. Von der Ernte an wird der Tabak sorgfältig überwacht. Die künftigen Mischungen werden bereits hier bedacht.
Das Reifen darf man nicht mit der Fermentation verwechseln. Sie ist ein kontinuierlicher biologischer Prozess, bis die Zigarre in Rauch aufgeht. Das Reifen hat etwas mit der Mischung verschiedener Tabake zu tun, die der Zigarre ihren bestimmten Charakter verleihen. Wenn man eine frisch gerollte Zigarre rauchen würde, hätte man nur eine Ahnung davon, wie sie in Zukunft schmecken wird. Die Entfaltung der Harmonie der Tabake benötigt Zeit.

**Geheimnisse**
Die Reifezeit erlaubt der Zigarre nicht nur ihren einzigartigen Geschmack zu entwickeln, sondern auch überschüssige Blattöle abzusondern, bis das erwünschte komplexe Bukett erreicht ist. Und schließlich entfaltet die Zigarre hierbei ihre spezifische Mischung aus Festigkeit, Geschmeidigkeit und Dichte, also ihre taktilen Eigenschaften. Der Prozess macht permanent Arbeit. Die Kisten müssen regelmäßig geöffnet und die Zigarren eine nach der anderen vorsichtig abgepinselt werden, um Feuchtigkeits- und Staubpartikel zu entfernen, welche die Poren des Deckblattes verschließen. Die Anforderungen für dieses Stadium sind außerordentlich, um katastrophale Klimaschwankungen zu verhindern, die das Ende aller Mühen bedeuten würden.

Jeder Spezialist hat seine Geheimnisse. Er hat sozusagen per Definition spezielle Kenntnisse wie ein Önologe oder Teeexperte auch, die wir hier nicht ausbreiten können. Das Ziel ist immer das gleiche: Die volle Reife zu ermöglichen. Man kann es wirklich mit dem Wein vergleichen, der seine ganze Klasse erst nach sorgfältiger Pflege erreichen wird. Man kann es nicht oft genug wiederholen: Eine Zigarre ist ein Naturprodukt, die nach den Eingriffen in ihrer Jugend nur durch entsprechende Behandlung dahin gelangt, wohin wir sie uns wünschen: zur Perfektion.

**Vorsichtsmaßnahmen**

Zigarrenliebhaber, die Kuba besuchen, sind natürlich versucht, die überall von alten Torcedores angebotenen Zigarren zu kaufen. Manchmal rollen sie auch vor Ort Zigarren nach eigenen Wünschen. Aber Vorsicht:
• Wie talentiert der Torcedor auch immer sein mag, er wird niemals eine »authentische« Coronas Gigantes de Bolívar oder Partagás Lusitanias herstellen, weil – wie wir gesehen haben – er in der Galera niemals erfährt, welche Marke aus seiner Mischung schließlich entsteht.
• Eine frisch gerollte Zigarre ist zwar rauchbar, wird aber nach einem Tag extrem bitter. Also muss man sie sofort rauchen, bevor die übermäßige Feuchtigkeit – die in der Escaparate der Fabrik abgebaut wird – die Geschmacksknospen behelligt.
• Wenn man eine solche Zigarre aufbewahren will, sollte man sie nicht mit echten Markenzigarren zusammen lagern, da sie nicht desinfiziert ist und die kleinen Tierchen mehr als wahrscheinlich in ihrer Nachbarschaft ein gefundenes Fressen haben.

*Eine der wichtigsten Arbeiten beim Reifen ist das regelmäßige Abpinseln von Rückständen. Ein halbes Rad der Sélection des Sélections Gérard Père et Fils in perfektem Reifezustand.*

# Anschneiden und Anzünden

Wenn es ein Gebiet gibt, auf dem jeder Zigarrenliebhaber seine eigenen Angewohnheiten hat und gerne darüber spricht, dann ist es der Moment »davor«. Und es ist schon wahr, dass der Augenblick vor dem ersten Zug mit Erwartung und sogar Begehren erfüllt ist. Wir wollen die Vorbereitungen zum Rauchgenuss Schritt für Schritt durchgehen.

**Anschneiden**
Beim Anschneiden des Kopfes muss man auf einen geraden Schnitt achten. Man darf nicht zu viel abschneiden, weil dies den Brand beschleunigen kann, und nicht zu wenig, weil dies den Geschmack beeinträchtigt.
Dies vorausgeschickt, gibt es zahlreiche Techniken des Anschnittes, ganz abgesehen von den mehr oder weniger phantasiereichen, auf die manche geheimnisvoll schwören – aber kein unumstößliches Gesetz. Deshalb im Folgenden die klassischen Methoden.

• *Die Guillotine*  Sie gibt es mit einer oder zwei Klingen. Ob billig und aus Plastik oder teuer und mit Perlmutt besetzt – die Guillotine ist praktisch und passt in jede Tasche. Besonders gut sind die Edelstahlklingen.

• *V-förmige Abschneider*  Sie waren in den 1950er- und 1960er-Jahren vorherrschend und sind heute selten. Ihr Schnitt kann den Rauchgenuss beeinträchtigen, und für große Formate sind sie ungeeignet.

• *Zigarrenscheren*  Sie sind kaum zum Mitnehmen gedacht, machen sich aber gut als Tischutensil. Das beeinflusst ihren Gebrauchswert jedoch in keiner Weise. Der Preis entspricht ihrer Eleganz.

• *Lochschneider*  Nach jahrelanger, ungerechtfertigter Vernachlässigung sind sie wieder da. Es handelt sich um ein zylindrisches Instrument, das auf Druck ein Loch bohrt. Die so entstehende runde Öffnung ist klein, aber ausreichend.

• *Der Cortador*  Es handelt sich hierbei um ein kleineres Replik der Guillotina des Torcedor, mit der er die exakte Länge der Zigarre schneidet.

## Das Anzünden

Hierzu gibt es verschiedene Denkschulen. Einige befeuchten die Zigarre, andere erwärmen sie über einer offenen Flamme, wieder andere tauchen nach alter spanischer Sitte den Kopf in Alkohol – all dies, bevor ein Zedernholzblatt, Streichholz, Feuerzeug oder eine Kerze zum Zuge kommt. Als Anhänger des reinen Genusses lehnen wir alles ab, was das Aroma verfälscht.

• *Feuer und Flamme* Streichhölzer, besonders die langstieligen aus Zeder, Gasfeuerzeuge und Jet-Flame-Feuerzeuge sind empfehlenswert, wenn man ihre Flamme gut unter Kontrolle hat. Benzinfeuerzeuge und Kerzen sollte man meiden, weil sie den Geschmack beeinträchtigen.

• *Der Vorgang* Man mache es so einfach wie möglich und halte die Zigarre zwischen Daumen und Zeigefinger, nicht im Mund, und führe die Flamme etwa einen Zentimeter vor den Fuß. Man drehe die Zigarre langsam und führe sie zu den Lippen. Dann halte man die Flamme einen Moment direkt an den Fuß und mache den ersten Zug. Er setzt die Zigarre gleichmäßig in Brand, und die große Reise beginnt.

---

**Haben Sie Mitleid!**
Manche schneiden die Köpfe mit den Zähnen oder Fingernägeln an. Dies sollte man nicht nachahmen. Man braucht ein Wunder oder muss ein alter kubanischer Zigarrenmacher sein, um auf diese Weise einen anständigen Schnitt hinzubekommen, ohne das Deckblatt zu verletzen oder Tabakkrümel im Mund zu haben. Ähnliche Beschädigungen richten Küchenmesser, Rasierklingen oder normale Scheren an. Benutzen Sie also etwas Anständiges – Ihre Zigarren und Finger werden es Ihnen danken.

# Die Kunst des Rauchgenusses

Weil der Genuss einer Zigarre vor allem ein Vergnügen ist, gibt es dafür keine unumstößlichen Regeln. Außer vielleicht der, den Verkündern solcher Regeln die eigene Erfahrung entgegen zu setzen. Aber es gibt Wege, den Genuss zu kultivieren. Die Geschmacks- und Geruchsempfindungen können ohne besondere Schwierigkeiten so an Aromen herangeführt werden, dass man ihre Besonderheit unterscheiden kann. Und weil man am ehesten schätzt, was man kennt, folgen einige Hinweise für den Weg zur Vervollkommnung.

**Mit allen Sinnen**
Eine Zigarre spricht alle fünf Sinne an oder fast alle, denn das Gehör spielt kaum eine Rolle. Das Aussehen, die Anfühlung, der Duft und der Geschmack tragen alle ihren Teil zur Wirkung bei.

• *Aussehen* Der Moment des ersten Blicks. Man nimmt die Zigarre aus ihrer Kiste und betrachtet sie: Das einwandfreie Deckblatt mit seiner glänzenden, glatten Oberfläche, ihre Farbnuancen, der tadellos geschnittene Fuß, der runde Kopf.

• *Anfühlung* Man achtet auf die Dichte, die Geschmeidigkeit und die Textur des Deckblatts. Kleine Wulste weisen auf fehlerhaftes Rollen oder eine nachträgliche Befeuchtung hin, die eine Zigarre zerstört. Eine weiche, nicht knisternde Rundheit, die sich nach sanftem Fingerdruck sofort wieder herstellt, ist ein Qualitätszeichen. Die Anfühlung verrät viel.

• *Duft* Man sollte schnuppern, bevor man die Zigarre anzündet. Ihre würzigen, krautigen oder erdigen Aromen sind schon da. Die Kubaner nennen dies »fumar a crudo«, trocken (wörtlich roh) rauchen. Man bekommt eine Idee davon, wie die Zigarre duftet, wenn auch nach dem Anzünden einige Nuancen zurück und andere hervor treten.

• *Geschmack* Mit den ersten Zügen werden die Geschmacksknospen geschärft. Beim gleichmäßigen Brand spürt man die aromatische Tiefe, er-

*Stil ist eine Mischung von Ästhetik und Geschmack. Blauer Rauch, die Eleganz von Aschenbecher und Porzellantopf und der bernsteinfarbene Rum sind Elemente von Perfektion.*

### Die Begriffe der Umschreibung

Es ist zumeist schwierig, Sinneseindrücke zu beschreiben. Wenn man sich die Zeit nimmt, die Eindrücke zu unterscheiden und zu benennen, kann man seinen Genuss formulieren, ohne den Experten spielen zu müssen. Das Vergnügen wird nur größer, wenn man es auch in Worte fassen kann. Es folgen Beispiele für die Begriffe der Beurteilungskriterien.

• *Anfühlung* Spröde, empfindlich, weich, mürbe, geschmeidig; füllig, seidig, fett, stumpf, trocken; kompakt, wuchtig, komprimiert, klebrig, rau.

• *Duft* Mild, flüchtig; grün, subtil, fruchtig, floral, strauchig, geschmeidig, betörend, rund, Kakao, neues Leder, gegerbtes Leder, entfaltet, animalisch, Amber; rau, würzig, pikant, scharf, nachhaltig.

• *Geschmack* Mild, fade, krautig, stumpf; süß, fruchtig, cremig, waldig, zuckerig, pfefferig, würzig, vollmundig, exotisch, berauschend, reif, schwer, herb; säuerlich, pikant, säurehaltig, heiß, brennend.

• *Gefühl* Diskret, hintergründig, nicht vorhanden, eintönig; blass, frisch, vielversprechend, ermutigend, voll, nobel, abgerundet, reichhaltig, nahrhaft, nervig; sehr süßlich, pelzig, nachhaltig, rau, durchschlagend, berauschend, hintergründig.
In jedem Fall entwickelt sich die Beschreibbarkeit von Aromen mit der Raucherfahrung.

kennt die Aromen und genießt ihre Qualitäten, seien sie mild oder kräftig oder eine der unendlich vielen Kombination beider und noch anderer Nuancen.

• *Genuss* Unserer Meinung nach ist dies der eigentliche fünfte Sinn beim Zigarren rauchen: Das harmonische Zusammenspiel der Qualitäten einer Zigarre mit der Umgebung, dem Augenblick, der Atmosphäre. Man genießt ihre Reichhaltigkeit und Komplexität, ihre Ausgewogenheit und nachhaltige Wirkung. Und plötzlich versteht man die wahre Bedeutung dieser kleinen Wölkchen, die da gen Himmel steigen.

# Aromen und Geschmack

Bestimmte Begriffe erscheinen im Zusammenhang mit Zigarren immer wieder. Es ist für den Laien nicht immer ganz einfach, genau zu verstehen, was damit gemeint ist. Ein kleiner Überblick über häufig verwandte Ausdrücke soll dies erleichtern.

**Aromen**

- *Schärfe:* Sie ist typisch für jungen Tabak, der noch viel Chlorophyll und Stärke enthält, und sie baut sich dann nach und nach ab – oder auch nicht!

- *Waldig:* Das Aroma ruft die Vorstellung von grünem, trockenem oder feuchtem Holz oder Wald hervor. Es ist omnipräsent und hat unbegrenzte, manchmal subtile Nuancen.

- *Kakao:* Zumeist am Fuß der Zigarre freigesetzt, sind die Kakao-Aromen relativ ölig, voll und schwer und wirken lange nach. Sie sind dominant und anhaltend, voll sättigend und von würzigen Noten begleitet.

- *Leder:* Die ganze Palette von Lederdüften wird vom Deckblatt entfaltet – jung, tanninig (gegerbt), alt. Die besten Varianten sind reichhaltig und sehr präsent.

- *Flüchtig:* Das Bukett ist schon wieder verschwunden, kaum dass es wahrgenommen wurde. In der Regel ohne würzige Akzente und bei milderen und süßeren, waldig trockenen Aromen.

- *Nichtssagend:* Eine Zigarre, die einfach »nichts im Bauch« hat und keine Wirkung hinterlässt. Zumeist aus Tabaken aus schlechten Erntejahren, die auch kaum reift. Auch ein schönes Deckblatt hilft da nicht mehr.

- *Grün:* Eine grüne Zigarre ist weder frisch noch munter oder gar von dieser Farbe. Der bittere Geschmack, scharf, ohne Fülle und Rundheit, prägt diesen Begriff.

Gut gereifte, ziemlich alte Zigarren können sehr wohl ein grünes und zugleich volles Aroma haben, wenn sie vor dem Rauchen ausreichend an der Luft waren.

• *Erdig:* Damit werden die vegetarischen Düfte umschrieben, die uns aus der ländlichen Welt bekannt sind: Schober, Heu, Weiden, Ställe und Felder, eine kraftvolle und feine Mischung, die etwas Wunderbares haben kann.

### Geschmack

• *Schwer:* Reichhaltig, vollmundig, üppig, aber nicht unbedingt stark. Besonders im ersten Teil fett und rund mit tanninigem Hintergrund. Wenn eine schwere Zigarre zu feucht ist, neigt sie dazu, heiß zu werden; wenn sie zu fest gerollt und zu schnell geraucht wird, wird sie auf der Zunge bissig.

• *Mild:* Der Geschmack kann durchaus Komplexität haben und volle Aromen entwickeln, aber ohne besonders würzige Akzente. Der Raucher hat ein beständig angenehmes Gefühl, was die wachsende Popularität dieser Zigarren erklärt. Häufig hinterlassen sie einen leicht salzigen Geschmack auf den Lippen.

• *Würzig:* Würzig ist mehr oder weniger alles zwischen Zedernholz, Vanille, Kaffee, Schokolade, Karamell, Zimt, Lakritz, Gewürzbrot, Pfeffer und Kümmel.
Diese den Charakter einer Zigarre prägenden Geschmacksrichtungen sind sehr gesucht.

• *Fade:* Langweilige Zigarren sind sehr leicht. Wonach immer sie schmecken – es ist nicht intensiv. Sie bleiben einfach flach und trocken.

• *Ölig:* Sehr fette, ölhaltige Zigarren sind nicht scharf und wirken im Mund lange nach. Dies charakterisiert als Zeichen der Reife die besten Jahrgangszigarren. Sie fangen stark an und werden dann milder und runder mit würzigen Noten und einem Madera-Akzent.

# Der richtige Moment

Über Geschmack lässt sich nicht streiten. So sind auch Zigarren eine Frage der persönlichen Vorlieben. Der eine bevorzugt milde, leichte Zigarren, ein anderer kräftige und intensive, beim Nächsten entwickelt sich die Vorliebe mit der Zeit in die eine oder andere Richtung oder ist je nach Gelegenheit unterschiedlich. Das letzte Verhalten scheint uns am Angemessensten, weil gute Zigarren eine große Bandbreite von Geschmacksrichtungen und Empfindungen bereithalten, die sogar von einem Einzelnen je nach Umgebung, Stimmung und Gelegenheit unterschiedlich wahrgenommen werden. Wir sind nicht jeden Tag die Gleichen, Zigarren sind es auch nicht.

**Der richtige Moment**
In den letzten Jahrzehnten haben sich die persönlichen Lebenseinstellungen sehr gewandelt. Für Menschen mit einer epikureischen Grundeinstellung wurde die Zigarre attraktiv. Allein oder in Gesellschaft weiß man gute Küche und gute Weine, am besten in harmonischer Gesellschaft, zu schätzen. Ein schönes Essen unter Freunden mit einer guten Zigarre ist ein ebenso einfaches wie befriedigendes Erlebnis wie der Genuss einer Zigarre allein mit sich und seinen Gedanken. Spontanität hat jeden Raum, aber zwei oder drei Hinweise können nicht schaden.

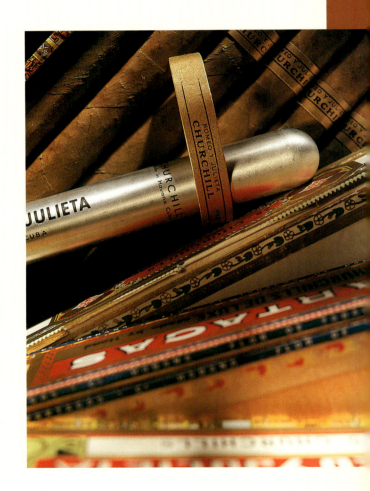

*Der Geschmack wird stark von der Situation geprägt – was hat man zuvor genossen, ist man gesättigt oder hungrig, aktiv oder entspannt. Die Auswahl der passenden Zigarre erfordert Sorgfalt.*

### Zwei große Familien

Man kann Zigarren in zwei große Familien einteilen: A – Zigarren zum speziellen Genuss und B – Zigarren als Tagesbegleiter. Wir schlagen vor, sie je nach Tageszeit zu betrachten.

• *Morgens*
A – Voll, cremig. Morgens ist die Zunge am ehesten bereit, die volle Bandbreite der Aromen wahrzunehmen.

B – Frisch und mild mit leicht würzigen Akzenten, aber nicht zu stark.

• *Nach einem leichten Lunch*
A – Eine vollmundige Zigarre mit Körper, waldigem oder erdigem Charakter.
B – Rund und gefällig, ohne viel Aufwand und mit Leichtigkeit und Frische, wie eine Gaspacho an einem Sommerabend.

• *Nach einem opulenten Mittagessen*
A – Eine Zigarre, die mit einem Drink nach der Mahlzeit die Verdauung fördert. Cremig, sehr würzig mit langsamem, gleichmäßigem Brand.
B – In diesem Zusammenhang ungeeignet.

• *Am späten Nachmittag*
A – Reichhaltig und cremig, alle Konzentration absorbierend. Keinerlei Tätigkeit sollte von der Zigarre ablenken.
B – Mild und unaufdringlich mit leichtem Zug und Brand. Für die kleine Pause, nachdem man etwas geschafft hat.

• *Abends*
A – Intensiv und äußerst mächtig, nicht der Größe nach, sondern nach Tiefe und Intensität des Geschmacks, der Komplexität und Dichte kräftig waldiger Aromen. Als ob man Gewürzbrot kaut, perfekte Harmonie.
B – Präsent, ohne zu dominieren. Eine Zigarre nach einem harten Tag oder am Kamin, die ein Partner für einen Denker am Schachbrett ist, der sich gleich wie ein großer Meister fühlen darf.

# Accessoires

Die Welt der Zigarren ist etwas Besonderes. Sie hat eine große Vielfalt eleganter Produkte und Werkzeuge hervorgebracht, die alle einen Gebrauchswert haben, aber zugleich auch ästhetischen Ansprüchen genügen. Die Bandbreite der heutzutage erhältlichen Utensilien reicht von den einfachsten zu aufwändig elaborierten Formen. Wir zeigen hier einige Beispiele.

Es gibt eine Vielzahl sehr verschiedener Etuis, die zu jedem Format passen. Sie dienen zum Schutz des Deckblatts beim Transport einiger weniger Zigarren. Ob aus Gold oder Silber, Leder, Eidechsen- oder Krokodilleder – oder welchem Material auch immer –, ein Etui muss fest genug sein, um seine Schutzfunktion zu erfüllen, aber nicht zu eng, um das Deckblatt nicht zu beschädigen. Früher gab es nur Silberetuis, heute sind die allermeisten aus Leder.

*Einige hübsche Accessoires von S.T. Dupont: Ein mit Silber verziertes, gelacktes Etui für eine Zigarre, dazu passend Guillotine, Feuerzeug und Aschenbecher mit zwei Ablagen (unten).*

*Braune und schwarze Lederetuis für eine bis drei Zigarren.*

*Eine Auswahl von Abschneidern (vgl. auch S. 52); von links nach rechts: V-Schneider, runde und quadratische Einklingen-Guillotinen und zusammenklappbare Scheren, rechts in verschiedenen Lackierungen.*

*Einige der seit gut zehn Jahren wieder gebräuchlichen Lochschneider (vgl. auch S. 52). Die Öffnung ist klein, aber ausreichend. Einige Modelle schneiden verschieden große Löcher.*

# Zigarren und Küche

Es ist noch nicht lange her, dass eine Zigarre während des Essens als Sünde galt und die Raucher nach dem Dessert in das Rauchzimmer verbannt wurden. Die Zeiten haben sich geändert.

Die Zigarre gilt als authentisch, und ihre Liebhaber schätzen eine größere Geschmacks- und Genussvielfalt. So wie ein guter Wein ein Essen aufwerten oder die passende Speise die Qualitäten eines Weines betonen kann, sind unsere Zungen auch zu anderen Kombinationen bereit.

### Im Restaurant

Einige Restaurantchefs haben dafür gesorgt, dass die Zigarren in der gastronomischen Welt voll akzeptiert sind. Dabei waren die edlen Havannas der Vorreiter. Man hat zur Überraschung der Gäste selbst Zigarren offeriert und auch Rauchzimmer eingerichtet, wo man sich zum Gespräch versammelt, zum Beispiel darüber, wie exzellent ein guter Bordeaux zur Ramón Allones 8-9-8 oder ein kräftiger Suppeneintopf zu einer Rafael González Lonsdales passt. In jedem Fall stören Süßspeisen solche Kombinationen.

### Mediterrane Küche

Die französische, italienische und spanische Küche weisen zwar Unterschiede auf, sie haben aber auch viele Gemeinsamkeiten, von denen wir hier ausgehen. Die gleiche Art von Zigarren passt zu allen dreien. Aus ähnlichen Gründen entscheidet man sich zum Beispiel für einen eleganten Pomerol (L'Évangile, La Fleur-Petrus, L'Église-Clinet), einen runden und vollmundigen Saint-Émilion (Magdelaine) oder einen kräftigen Gevrey-Chambertin (Les Combottes von der Domaine Leroy).

• **Beste Wahl:** Sehr aromatische Zigarren, waldig, erdig oder floral, die zugleich rund und cremig sind. *Punch, Partagás.*

### Asiatische Küche

Die vielen Gewürze der asiatischen Küche und die Besonderheiten vieler Gerichte verlangen bei der Auswahl der Zigarren einige Erfahrung. Man muss gleich sehr hoch greifen, weil die Schwie-

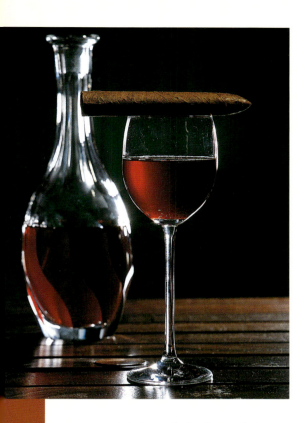

*Der jährlich stattfindende Lunch des »Club des Parlementaires Amateurs de Havanes« in Genf ist für seine Kombination exzellenter Gerichte mit ebensolchen Zigarren berühmt. Der Nachmittag ist ein Crescendo des Zigarrenrauchens.*

rigkeit darin besteht, eher eine Pause zwischen dem intensiven Geschmack herzustellen, als die Zunge mit weiteren nachhaltigen Angeboten zu überreizen. Dies mag manchen überraschen. Eine gute Kombination stellt Weißwein von der Loire (Sancerre von der Domaine des Ouches, Pouilly-Fumé Cuvée Silex von Didier Dagueneau) oder ein Elsässer dar (Gewürztraminer Epfig von der Domaine Ostertag, Riesling Altenberg von Marcel Deiss).

• *Beste Wahl:* Milde und frische Zigarren bei stark gewürzten Speisen. Runde, cremige und waldige Zigarren zu den subtileren Gerichten. Kräftige vollmundige Zigarren passen gut zu Ingwer. *Hoyo de Monterrey, El Rey del Mundo, Saint Luis Rey.*

### Orientalische Küche

Diese sich immer mehr durchsetzende raffinierte Küche passt sehr gut zu kräftigen Zigarren mit vollem Körper, aber auch zu den feineren. Die Geschmacksvarianten zwischen den Gängen verlangen geradezu nach einer Zigarre zwischendurch. Ein Riesling (Domäne Weinbach, Schlossberg Cuvée Sainte-Catherine) oder ein Tokayer-Pinot Gris (Clos Jebsal und Rangen von der Domaine Zind-Humbrecht) sind perfekt.

• *Beste Wahl:* Sehr aromatische, komplexe Zigarren mit erdigen Noten und gleichmäßigem Brand, die nachhaltig sind und nicht ermüden. *Bolívar, Ramón Allones, San Cristóbal de La Habana.*

# Zigarren und Alkohol

Alkohol und Zigarren gehören traditionell zusammen. Nur weil einige Kombinationen ein stilles Glück verheißen, müssen andere nicht ohne aufregenden Reiz bleiben. Weil letztlich alles eine Frage der Umstände ist, wird jeder zu jeder Gelegenheit die passenden Verbindungen selbst herausfinden. Einige wollen wir hier genauer betrachten.

**Vorsicht vor falschen Freunden**
Starker Alkohol, starke Zigarre: Nichts ist falscher, es sei denn, man braucht Kopfschmerzen. Beide prallen aufeinander, ergänzen sich nicht und betäuben die Geschmacksknospen. Man hüte sich also auch beim Aperitif vor Exzessen der Begeisterung und schone das Geschmacksempfinden für die Zigarre.

- *Champagner:* Trocken oder extra-trocken und nicht zu kalt serviert, bilden Champagner und Zigarre ein delikates Paar. Die Mischung von Kälte und Hitze wirkt überzeugend. Ein handliches Format mit aromatisch leichtem Geschmack ist genau das Richtige. *Gérard Père et Fils 444, El Rey del Mundo Cabinet Selección Choix Suprême.*
- *Whisky:* Alle Arten von Whisky machen sich gut zu Zigarren. Der torfige Geschmack eines schottischen Malts treibt eine Havanna auf ungeahnte Höhen, während ein sehr alter Whisky wunderbar zur eleganten Leichtigkeit einer dominikanischen Zigarre passt. *Santa Damiana Torpedo, Rafael González Coronas Extra.*

- *Portwein:* Große Jahrgänge sind für eine Havanna eine feine Ergänzung. Die fleischigen Noten und der volle Geschmack unterstreichen die waldige Erdigkeit der Zigarre, während beider Komplexität und Milde ein wechselseitiges Echo bilden. *Ramón Allones Petit Coronas, Juan López Selección N° 1.*
- *Eaux-de-Vie:* Calvados, Birnen, Pflaumen und andere Brände mit ihrem Fruchtgeschmack sind schon lange die natürlichen Partner von Zigarren. Milder Armagnac und Cognac sind gleichfalls eine gute Wahl. Ein bitterer Brand funktioniert überhaupt nicht. *Hoyo de Monterrey Double Coronas, Cohiba Siglo IV.*
- *Rum:* Wenn man noch nie Rum zusammen mit einer guten kubanischen Zigarre genossen hat, weiß man nicht, was ein ideales Paar ist. Der gemeinsame Boden und die gemeinsame Geschichte bringen einfach Harmonie zustande. Dennoch schlagen wir einen Jahrgangsrum aus Martinique vor – seine Rasse und Finesse steigern den Genuss einer Havanna enorm. *El Rey del Mundo Taínos, Partagás Pirámides Limitierte Auflage.*
- *Süßweine:* Muskatweine aus Rivesaltes und Beaumes-de-Venise oder andere Aperitifweine, Banyuls aus dem Roussillon zum Beispiel, passen ausgezeichnet zu Zigarren, besonders wenn sie ausgereift sind und Orangennoten entfalten. Die abgerundete Zigarre sollte die aromatische Komplexität umschmeicheln. *Saint Luis Rey Regios, H. Upmann Connoisseur N° 1.*

**Ein Meister des Hedonismus**
Es wird niemanden überraschen, aber die Religion des ewigen Epikureers und großen Schriftstellers Ernest Hemingway war der Geschmack. Schon früh war ihm klar, dass Genuss der Präzision bedarf. So wählte er für gewöhnlich den Rum passend zur Zigarre aus, oder anders herum, ja auch den Kaffee passend zum Rum, den er trinken wollte, passend zur Zigarre ... oder umgekehrt.

# Auktions-Zigarren

Die gewachsene Popularität der Zigarren in den letzten Jahren hat zu einem neuen Markt für seltene, vergessene oder sonst wie außerordentliche Exemplare geführt, die gelegentlich versteigert werden. Diese Luxusgüter werden zumeist in den berühmten Auktionshäusern Christie's und Sotheby's umgeschlagen. Wie beim sonstigen Kunsthandel kann man hier Kisten, Partien und Einzelstücke erwerben.

### Havannas, die Könige des Marktes

Bis jetzt sind es ausschließlich Havanna-Zigarren, die eine ausreichende Nachfrage haben, um eine Auktion lohnend zu machen. Dafür gibt es zwei Hauptgründe: die extreme Vielfalt kubanischer Zigarren und das Verschwinden oder die Diskontinuität einzelner Marken.
Für Sammler stehen ohne Frage die Zigarren aus der vorrevolutionären Zeit an erster Stelle. Sie ermöglichen zwar kein exzellentes Rauchvergnügen mehr, sind aber Kuriositäten oder letzte Einzelstücke. Dazu gehören unter anderen Calixto López, Maria Guerrero und Henry Clay.
Nachrevolutionäre Zigarren werden auch von gewöhnlichen Liebhabern gesucht. Sie sind unter optimalen Bedingungen gereift und mit Ausnahme einiger der frühesten Jahrgänge noch länger bestens zu genießen. Jedermann kann auf diese Raritäten mitbieten. Sie erreichen gelegentlich astronomische Preise, zum Beispiel La Flor de Cano, Davidoff, Dunhill oder Romeo y Julieta Fabulosos.

---

**Zum ersten – zum zweiten – und zum …**
Am 12. Dezember 1994 versteigerte Sotheby's in einem Züricher Luxushotel 100 Partien außergewöhnlicher Zigarren, die wir ausgesucht hatten. In weniger als 15 Minuten waren etliche an Bieter aus Paris, New York, Hongkong und anderswo verkauft. Ein Bieter war über die Geschwindigkeit des Ganzen so verärgert, dass er seine Hand nicht mehr herunternahm und so noch einige gute Käufe tätigen konnte – aber in solcher Schnelligkeit, dass das Komitee weit vor Ende der Versteigerung nicht mehr mitkam.

---

*Die Rückseite eines Sotheby's-Auktionskatalog, gestaltet von dem Maler Anton Molnar (rechts). Eine Originalseite aus dem Katalog mit Partien von Partagás Série D N° 4.*

---

**Partagas D4**

Type: Robusto
Diameter: 2cm
Size: 12.5cm
Colour: 'maduro' to 'colorado'
Bouquet: generous with aromas of pure cocoa
Taste: rich, powerful and instantaneous
Format: round, banded
Production: hand made in Cuba
Maturation: in the cellars of Gérard Père et Fils, Geneva

800  1 jar of 25 cigars
801  1 jar of 25 cigars
802  1 jar of 25 cigars
803  1 jar of 25 cigars
804  1 jar of 25 cigars
805  1 jar of 25 cigars
806  1 jar of 25 cigars
807  1 jar of 25 cigars
808  1 jar of 25 cigars
809  1 jar of 25 cigars

per lot: £550-700

## Los Especiales

Neben diesen ruhmreichen Vertretern der Vergangenheit erzielen auch die für ein besonderes Ereignis wie das Jubiläum einer Marke oder eine Krönung und Ähnliches geschaffenen Zigarren hohe Preise. Limitierte Serien für Teilnehmer eines bestimmten Ereignisses sind auch zu Anlageobjekten geworden.

Ein Beispiel sind die für die Chevaliers de Tastevin zur Burgunderlese 1988 in Clos de Vougeot gefertigten Zigarren, »Die Hochzeit von Burgund und Havanna«, ein anderes die Cohiba Torpedos zum »Dinner des Jahrhunderts« zu Ehren des 500. Jahrestages der Ankunft Kolumbus' in Amerika (siehe S. 75).

Haben die Spitzenpreise irgendetwas mit der Welt des normalen Rauchers zu tun? Schwer zu sagen. Es sind ja nur kleinste Vorkommnisse in einer riesigen, globalen Welt. Auktionen haben eher etwas mit individueller Leidenschaft als künftigen Gewinnerwartungen zu tun. Und wenn eine Leidenschaft beginnt, weiß man nie, wie lange sie vorhalten wird.

# Fälschungen

Wie alle wertvollen Qualitätsprodukte werden auch Zigarren gefälscht, vorzugsweise Havannas mit Kisten, Bauchbinden und Herstellungszertifikaten. Den Geschmack kann man allerdings nicht fälschen. Aber weil es nicht so einfach ist, eine Zigarre vor dem Kauf zu schmecken, hier ein paar Tipps.

### Vier goldene Regeln
• Nur bei eingeführten Händlern kaufen. Sie sind schließlich für die Authentizität und die Qualität verantwortlich.
• Nie über das Internet bestellen, es sei denn, man kennt den Händler.
• Einmalige Gelegenheiten zu einmaligen Preisen meiden. Es gibt für Cohiba keinen vernünftigen Grund, zu einem Drittel des normalen Preises zu verkaufen.
• Vorsicht auch bei Angeboten, Teile des Lagers von Einzelpersonen zu kaufen. Auch hier gibt es eigentlich keinen Grund für Spottpreise.

### Einige Risiken
Es gibt auch noch andere Risiken als jene, dafür verfolgt zu werden, im Besitz gestohlener Ware zu sein.
• Die hübschen Kisten, besonders die lackierten, sind aus minderwertigem Holz und übertragen ihren Geruch auf die Zigarren und gleichen den Feuchtigkeitshaushalt nicht so optimal wie Zedernholz aus.
• Die Einlage besteht nicht nur aus Tabak, sondern zum Beispiel auch aus Bananenblättern, die in irgendeiner alten Einlage oder etwas ganz anderem versteckt sind, das nichts mit traditionellen Tabakmischungen zu tun hat.
• Tabakkäfer können eine nette Überraschung bereiten. Sie legen gern ihre Eier ab, und die neu Geschlüpften vernichten dann systematisch Ihre ganze Sammlung.

### Wie man Fälschungen entdeckt
Es gibt jede denkbare Kombination von totalen oder teilweisen Fälschungen: Kisten, Zigarren, Garantiesiegel. Hierauf sollte man achten:
• Eine Kiste mit Havannas muss ein Garantiesiegel der kubanischen Regierung tragen, das man hier wegen seiner grünen Farbe ironisch »Dollar« nennt. Nach einem Gesetz vom 16. Juli 1912 muss das »sello de garantía nacional de procedencia« an der linken Seite der Kiste (bei Kabinetten mit 50 Stück rechts) angebracht sein. Der Text steht in Englisch oben, in Französisch unten links und in Deutsch unten rechts.
Weiterhin muss die Republica de Cuba genannt sein, nicht zum Beispiel eine Provinz wie Vuelta Abajo. Und in der rechten Ecke (bei Kabinetten links) befindet sich ein »Habanos«-Aufkleber in roter Schrift mit gelbem Schatten und goldener Umrandung. Nach Europa importierte Kisten können auch einen Stempel des Importeurs und die übliche Gesundheitswarnung tragen.

- In den Boden sind folgende Texte eingraviert oder eingebrannt: Habanos s. a. (Cubatabaco auf alten Kisten), Hecho en Cuba und gegebenenfalls Totalmente a mano, außerdem Fabrik- und Datencodes.

- Man schaue in der Kiste nach, ob die Bauchbinden perfekt sitzen.
Zwischen den beiden Lagen in der Kiste kann ein Wachspapier liegen, das exakt die Größe der Kiste haben muss mit einer Lasche rechts oben.

*Zwei verschiedene Sancho Panza Belicosos. Auf den ersten Blick scheint die linke attraktiver zu sein, aber sie ist eine offenkundige Fälschung. Die Größe und die Farbe sind falsch, der Fuß und die Bauchbinde sind höchst mittelmäßig. Beim Original ist der Markenname auf der Oberseite der Kiste, bei der Fälschung an der Seite.*

# Große kubanische Marken gestern und heute

Eine ausführliche Geschichte der kubanischen Zigarren muss noch geschrieben werden. Da finden sich Heldensagen von Tod und Wiederauferstehung. Nach dem Ende des Booms der 1990er-Jahre kursieren derzeit Gerüchte über das Ende von H. Upmann und La Corona und weitere Anpassungen an die Marktlage – man wird sehen. Einige der geschichtsträchtigen großen Marken, deren Spitzenprodukte alle im zweiten Band dieses Werkes vertreten sind, sollen hier kurz vorgestellt werden.

### Bolívar

Die Marke ist nach Simón Bolívar benannt, der Anfang des 19. Jahrhunderts den kubanischen Freiheitskampf gegen die Spanier anführte. Die Marke hat sich in den letzten Jahren verjüngt und zumindest bei ihren handgerollten Formaten Fülle und Stärke erhalten sowie an Rundheit und Geschmeidigkeit dazu gewonnen.
- *Die Besten: Belicosos Finos (Campana), Coronas Gigantes (Julieta), Royal Coronas (Robusto), Immensas (Dalia), Petit Coronas (Mareva).*

### Cohiba

Die Cohiba verdankt ihren legendären Ruf der aufregenden Gründungsgeschichte in den 1960er-Jahren und ihrer Qualität. Sie hat ihre fruchtige und volle aromatische Bandbreite weiter verbessert und an Geschmack gewonnen, wie an der Siglo-Serie zu spüren ist.

- *Die Besten: Millenium 2000 (Pirámide); Siglo IV (Corona Gorda), Robustos (Robusto), Siglo V (Dalia), Siglo III (Corona Grande), Siglo II (Mareva), Lanceros (Laguito N° 1).*

### Cuaba

Gegründet 1996, verfolgt die Marke die einzigartige Strategie, nur das traditionelle Format Figurado zu produzieren. Die vier Varianten sind alle leicht und aromatisch und exzellente Einsteigerformate.
- *Die Besten: Exclusivos (Exquisito).*

### Diplomáticos

Sie kamen als günstigere Doppelgänger der Montecristo-Serie N° 1 bis N° 5 in den 1960er-Jahren auf den europäischen Markt, verfügen über ausreichende Stärke und reifen gut.
- *Die Besten: N° 2 (Pirámide).*

### La Gloria Cubana

1885 gegründet und mit einer wechselhaften Geschichte versehen, festigte sich der Ruf in den 1970er-Jahren. Das Angebot ist heute vielfältig. Die Marke hat ihre großen Formate beibehalten, als andere auf kleinere umstiegen. Liebhaber schätzen ihre intensiv fruchtigen Aromen und ihre milde Finesse.
- *Die Besten: Taínos (Julieta), Médaille d'Or N° 2 (Dalia), Sabrosos (Cervantes), Médaille d'Or N° 1 (Delicado), Médaille d'Or N° 3 (Panetela Larga).*

### Hoyo de Monterrey
José Gener gründete die Marke 1865, ihm gehörte auch La Escepción. Hoyos sind typisch leicht und geschmackvoll mit süßen und floralen Aromen. Die Zigarren sind subtil und elegant.
• *Die Besten:* Particulares Limitierte Auflage (Gran Corona), Double Coronas (Prominente), Épicure N° 1 (Corona Gorda), Le Hoyo des Dieux (Corona Grande), Le Hoyo du Pince (Almuerzo).

### H. Upmann
Die Brüder August und Hermann Hupmann gründeten 1844 die Marke und machten daraus H. (für »Hermanos«, Brüder) Upmann. Die Zigarren sind voll, erdig und stark im alten Havanna-Stil. Subtilität ist nicht ihre Stärke, aber besonders die Spitzenprodukte haben doch Komplexität und Charakter.
• *Die Besten:* N° 2 (Pirámide), Sir Winston (Julieta), Magnum 46 (Corona Gorda), Connoisseur N° 1 (Hermoso N° 4).

### Juan López
Diese Marke mit dem vollen Namen Flor de Juan López ist auf mittlere und kleinere Formate spezialisiert, alle bestens von Hand gemacht. Seit den 1980er-Jahren werden sie wegen ihres leichten aromareichen Geschmacks geschätzt.
• *Die Besten:* Selección N° 1 (Corona Gorda), Selección N° 2 (Robusto).

### Montecristo
Die Marke wurde 1935 von den Familien Menéndez und García gegründet und wird als Archetyp der Havanna angesehen. Die Steigerung der Produktion hat kürzlich zu Qualitätsverlusten geführt, aber die vollmundige Milde der großen Formate bietet weiter die traditionellen, unerreichten Standards.
• *Die Besten:* N° 2 (Pirámide), »A« (Grand Corona), Robustos Limitierte Auflage (Robusto).

### Partagás

La Flor de Tabacos de Partagás y Cía wurde 1827 von dem Katalanen Don Jaime Partagás gegründet. Die Marke genießt von Beginn an enormes Prestige. Tanninig, manchmal rustikal, hat sie sich den Wandlungen des Geschmacks erfolgreich anpassen können. Intensität, Authentizität und Reichhaltigkeit sind weiter das Markenzeichen.
- *Die Besten: Pirámides Limitierte Auflage (Pirámide), Lusitanias (Prominente), Série D N° 4 (Robusto), Lonsdales Cabinet Selection (Cervantes), Coronas Cabinet Selection (Corona), Petit Coronas Cabinet Selection (Mareva), Shorts (Minuto).*

### Por Larrañaga

Die Marke ist seit 1834 mehr oder weniger unbekannt geblieben. Es gibt ein Dutzend Formate, leicht und voll mit Honig-Aromen.
- *Die Besten: Petit Coronas Cabinet Selection (Mareva).*

### Punch

Diese alte Marke (1834) hat ein vielfältiges Angebot von Formaten, die sich kräftig in waldige und fruchtige Aromen entfalten und von beispielhafter Gleichmäßigkeit sind.
- *Die Besten: Double Coronas (Prominente), Churchills (Julieta), Royal Selection N° 11 (Corona Gorda), Black Prince (Corona Gorda), Super Selection N° 2 (Corona Gorda), Super Selection N° 1 (Corona Grande), Petit Coronas (Mareva), Royal Selection N° 12 (Mareva).*

### Quai d'Orsay

Die Marke wurde 1974 von einer französischen Tabakgesellschaft für den französischen Markt gegründet und ist authentisch kubanisch. Gutes Preis-/Leistungsverhältnis mit milden, fein waldigen, fruchtigen und leicht erdigen Noten.
- *Die Besten: Imperiales (Julieta).*

### Rafael González

Diese alte Marke, mit vollem Namen Flor de Rafael González, bietet einige der feinsten Zigarren der Welt an. Die reichhaltigen Aromen haben Akzente von Gewürzbrot, die Deckblätter sind exquisit. Nobel durch und durch.
- *Die Besten: Coronas Extra (Corona Gorda), Lonsdales (Cervantes), Petit Coronas (Mareva), Slenderellas (Panetela Larga).*

## Ramón Allones

Eine weitere alte Marke (1845) für Liebhaber. Mächtig und schwer, gehören die Zigarren zum Havanna-Standard mit vollem, erdigem Geschmack.

• *Die Besten: Gigantes (Prominente), Specially Selected (Robusto), 8-9-8 Cabinet Selection Varnished bzw. Verni (Dalia), Coronas Cabinet Selection (Corona), Petit Coronas (Mareva), Small Club Coronas (Minuto).*

## El Rey del Mundo

Gegründet 1882, war die Marke nach schwierigen Zeiten erst Ende der 1980er-Jahre wieder da. Die Zigarren sind mild mit floralen und würzigen Akzenten, also gefällig.

• *Die Besten: Taínos (Julieta), Cabinet Selección Choix Suprême (Hermoso N° 4).*

## Romeo y Julieta

Eine der bekanntesten Marken seit 1875. Die Vielfalt der Formate ist ebenso reichhaltig wie die kräftigen, fast etwas rauen Geschmacksrichtungen.

• *Die Besten: Belicosos (Campana), Exhibición N° 2 (Prominente), Churchills (Julieta), Exhibición N° 4 (Hermoso N° 4), Coronas (Corona).*

## Saint Luis Rey

Die Marke ist etwas für Liebhaber und war bis in die 1980er-Jahre relativ unbekannt. Die Aromen sind erdig, würzig und leicht süß. Ein Gelegenheitsraucher wird angenehm überrascht sein.

• *Die Besten: Churchills (Julieta), Série A (Corona Gorda), Regios (Hermoso N° 4), Petit Coronas (Mareva).*

## Sancho Panza

Seit 1848 gibt es unter diesem Namen Spitzenzigarren. Sie sind fein, elegant und geschmackvoll mit floralen, süßen Noten.

• *Die Besten: Molinos (Cervantes), Coronas (Corona).*

## San Cristóbal de La Habana

Die neue Marke (1999) wird bereits wegen ihrer eher feinen Milde bei einer neuen Generation von Zigarrenliebhabern geschätzt, die nicht so mächtige Zigarren lieben.

• *Die Besten: La Punta (Pirámide), El Morro (Julieta), La Fuerza (Corona Gorda), El Príncipe (Minuto).*

## Trinidad

In der Nachkommenschaft von Cohiba 1998 gegründet, wird derzeit eine milde Zigarre mit würzigen Noten nach Gegrilltem und Kakao angeboten, die

• *Fundadores (Laguito N° 1).*

## Vegas Robaina

Benannt ist die neue Marke (1997) nach einer kubanischen Pflanzer-Familie. Die fünf Formate zeichnen sich durch Milde und viel Aroma aus.

• *Die Besten: Únicos (Pirámide), Don Alejandro (Prominente).*

*In den letzten Jahren sind erstaunlich viele neue kubanische Marken entstanden. Auf dem internationalen Markt sind Cuaba (1996), Vegas Robaina (1997), Trinidad (1998) und San Cristóbal de La Habana (1999) erhältlich.*

# Jahrgangszigarren und Legenden

Wie alle Produkte, die eine Reifezeit durchmachen, kann eine Zigarre ein respektables Alter erreichen. Um zur Legende zu werden, muss sie nur noch entsprechend selten sein.

## Vintage-Zigarren

Zigarren sind nach zwei bis fünf Jahren gereift. Danach betrachtet man sie als Vintage-Zigarren. Sie müssen – wie Wein – bis dahin unter optimalen Umständen gelagert worden sein. Und wie beim Wein reifen manche Tabake besser als andere. Die Kunst besteht darin, die Eigenschaften des Tabaks zu berücksichtigen und den Reifeprozess darauf auszurichten.

Die Zeit ist natürlich einer der wichtigsten Faktoren. Je länger die Reifezeit, desto besser ist das Ergebnis. Ein Zigarre entwickelt mit der Zeit einen wunderbar runden Geschmack. Aber am wichtigsten ist die Tatsache, dass mit der Reife Aromen entstehen, die ohne diese Reifezeit nicht vorhanden wären.

Der Geruch einer lange gereiften Zigarre ist vor dem Anzünden zumeist sehr vegetarisch. Der Rauchgeschmack beginnt immer fast zu mild, ein wenig flach und kaum waldig. Dann entfalten sich Lederaromen mit Madera-Akzenten und blühen im letzten Drittel zu subtilen, cremigen und reichhaltigen Tönen auf.

## Der Boom der 1990er-Jahre

Bis vor kurzem war England das einzige Land, das die Kunst des Reifens von Jahrgangszigarren pflegte, wenn auch aus anderem Grund. Aus historischen Erwägungen (siehe S. 47) schätzen Engländer trockenere Zigarren. Diesem Ziel dient vorrangig die lange Lagerung.

Als in den 1980er-Jahren abgerundetere, entfaltete Geschmacksrichtungen gefragt waren, stieg überall das Interesse an Jahrgangszigarren. Aber erst im nächsten Jahrzehnt standen die nachrevolutionären Havannas in schönster Reife. Damit begann der Run auf gereifte Dunhills, Davidoffs, La Flor de Cano, Montecristo »B« oder eine Jahr-

*25 Henry Clay Diamantinos in ihren originalen Tuben aus Glas (linke Seite). Cabinetta, Varadero und Havana Club von Dunhill, Davidoff 80 Aniversario, Partagás Cristal Tubos, Rafael González Vitolas B, Romeo y Julieta Romeos, La Flor de Cano Diademas (links).*

gangsdose aus Glas von H. Upmann. Sie sind heute kaum noch rauchbar, aber wertvolle Sammlerstücke.

### Legenden

Anders als bei den Vintage-Zigarren verliert man beim Rauchen eines Sammlerstückes alles, gewinnt aber gar nichts – sie sind von historischem oder persönlichem Interesse. Als am wertvollsten gelten nicht mehr hergestellte Marken (Henry Clay, Maria Guerrero, Cabañas y Carbajal, Joaquín Cuesta, La Corona, Villar y Villar etc.) oder nicht länger erhältliche Formate (Gispert Petit Coronas de Luxe, Longos de La Escepción, Palmas Reales Cristal Tubos de Partagás etc.). Sie sind die letzten Zeugen einer Epoche.

Auch die reine Seltenheit wie etwa bei Auflagen zu bestimmten Ereignissen macht Zigarren zu Sammlerstücken. Dazu gehören zum Beispiel die Cohiba Millennium (Torpedos), die Luxuskisten von 1996 Partagás (50 Salomones), die drei Formate zum 150. Jahrestag von Partagás (50 Lusitanias im alten Stil, 50 8-9-8, 50 Robustos) oder die 50 Double Coronas mit spezieller Bauchbinde zum 30. Jahrestag von Cohiba. All diese Zigarren sind – zusammen mit vom Markt verschwundenen – die Legenden von morgen, extravagant und traumhaft.

# Sammler und Sammlungen

Es gibt zwei Ziele für Sammler: seltene Zigarren, die bereits zu alt zum Rauchen sind, und lange gereifte Zigarren in ihrer Blüte. Die zweite Leidenschaft hängt vom Auktionsangebot ab.

### Leidenschaften

Gesammelt werden natürlich nur Spitzenzigarren. Auch Sammler eines einzigen Formats werden nicht alles kaufen, was es gibt (z.B. Double Coronas Kabinett). Es macht keinen Sinn, minderwertige Zigarren zu sammeln, die nicht vernünftig reifen. Manche sammeln bestimmte Marken, andere bestimmte Galeras, wieder andere ausgelaufene oder vergessene Formate, besondere Auflagen, Spezialitäten, Figurados, vorrevolutionäre oder nachrevolutionäre Havannas oder Zigarren, die älter als 50 Jahre sind.

Es soll auch Leute geben, die Fälschungen sammeln! Aber dies ist eine etwas periphere Leidenschaft, weil die originale Qualität natürlich niemals erreicht wird.

### Optimaler Service

Zeit, Geduld und Überredungskunst sind die Voraussetzungen für eine wertvolle Sammlung. Auch die ältesten, nicht mehr rauchbaren Zigarren müssen bei gleichbleibenden Temperaturen und konstanter Luftfeuchtigkeit gelagert werden.

Deshalb haben wir 2001 »Private Stock« gegründet (siehe Foto rechte Seite). Hier können Sammler ihre Zigarren unter optimalen Bedingungen unter Aufsicht von Spezialisten lagern lassen. Einige hundert Kisten für langfristige Lagerung stehen im »Salle des Coffres« für diesen Zweck bereit.

Ein komplexes System reguliert die Bedingungen für jede einzelne Zigarre und kann vom Kunden jederzeit über das Internet eingesehen werden. Alle zusätzlichen Daten wie Datum des Kaufs, aktueller Preis, Marktsituation usw. werden hier vorgehalten. Die Kunden können sich somit in aller Ruhe der Komplettierung ihrer Sammlung widmen, und die Zigarren warten in Frieden auf das Ende ihrer Ära.

# Die Cuvées Spéciales von Gérard Père et Fils

Das Geschmacksempfinden der Zigarrenliebhaber entwickelt sich und ist seit mehr als zwanzig Jahren unser Thema. Deshalb haben wir eine Klasse runder und frischer Zigarren mit süßen Honignoten kreiert. Dabei war es unser Ziel, etwas Neues zu schaffen und neue Aromen und Geschmacksnoten zu erschließen. Kurz gesagt: der Unterschied macht's.

## Die Methode

Für das Geschmacksempfinden ist die Qualität der Rohmaterialien entscheidend. Zigarren sind da keine Ausnahme. Wir haben die besten Plantagen in verschiedenen Teilen Mittelamerikas ausgewählt und überwachen die Produktion in der Dominikanischen Republik penibel.
Die Zigarren wurden so komponiert, wie ein großer Koch seine raffinierten Gerichte kreiert, indem er Zutaten und Aromen in Harmonie bringt und damit dem Kunden einen Genuss bereitet. Unsere Klasse tendiert zur subtilen Milde und öffnet sich zur Intensität kubanischen Tabaks hin. Die Zunge soll sich alles erschließen, was eine Zigarre bieten kann: delikate, abgerundete Aromen mit Finesse.

## Authentizität

Wir haben uns für große Durchmesser entschieden, weil sie eine Fülle des Geschmacks ermöglichen und keinen zu heißen Brand entwickeln. Der Raucher soll einen reinen Eindruck von der Kultiviertheit, Authentizität und Originalität unseres »Private Blend« erhalten.

- *222:* Eine sehr kleine, frische Corona. Mild, fast ein wenig fade, öffnet sie den Weg zu größerer Intensität: Ein anmutiges Aroma überflutet die Geschmacksknospen.
- *444:* Eine typische Robusto mit einem exzellenten Verhältnis von Größe und Geschmack. Der Brand wird nie heiß. Die Aromen sind leicht, die waldigen und Honig-Noten beherrschen das letzte Drittel.
- *555:* Eine kleinere Torpedo, für die heutige Zeit gemacht. Sie lässt sich gut anzünden und brennt gut. Die floralen Akzente schaffen einen milden Rauchgenuss.
- *666:* Eine Gran Corona mit dem Ringmaß einer Double Corona. Sie wird immer runder und seidiger mit fast süßen Nuancen am Ende.
- *888:* Eine Double Corona par excellence, die sich leicht handhaben lässt. Elegant und mild ohne Schwere. Im Gegenteil, sie ist außerordentlich leicht.

Alle Formate wirken nicht lange nach. Sie sind maßvoll und gut zu handhaben. Die größeren Formate sind die leichteren, die kleineren haben Kraft und Persönlichkeit – sie alle werden die Zunge nicht überfordern. Wir planen eine neue Serie mit öligeren und kräftigeren Aromen; diese »Série Limitée« (»Limited Blend«) wird eine andere Welt im großen Reich der Zigarren ansprechen.

# Die neuesten Trends

Die Welt der Zigarren ist in Bewegung geraten. Nie seit den 1930er-Jahren, als in Kuba eine Vielzahl großer und kleiner Marken produziert wurde, gab es ein solch breites Angebot wie heute. Zusammen mit der Bereitschaft einer neuen Generation von Rauchern, neue Geschmacksrichtungen auszuprobieren, führt dies unvermeidlich zu neuen Trends.

### Geschmack

Die Palette der Geschmacksrichtungen hat sich aufgrund der Rauchgewohnheiten und der Verfeinerung der Empfindungen entwickelt und tendiert heute zum Milderen und Leichteren. Dies ändert jedoch nichts am neuerlichen Erfolg bestimmter starker und vollmundiger Havannas wie der Partagás Pirámides und der Montecristo Robustos Limited Edition.

### Formate

Nach dem Aufstieg der Churchill und der Double Corona übernahmen in den 1980er-Jahren die Robustos und dann auch die Torpedos die Führung. Die Petit Corona ist wegen ihres Geschmacks und der kurzen Rauchdauer die Zigarre seit der Jahrtausendwende. In unserer schnelllebigen Zeit scheint eine halbe Stunde genau das richtige Maß zu sein.

### Gelegenheiten

Die heutigen Zigarrenliebhaber haben andere Gewohnheiten. Es sind nicht mehr nur die klassischen Genussmenschen. Mit anderen Lebensstilen hat sich die Zigarre ein weites Terrain erobert, bemerkenswerterweise auch bei Frauen. Mit ihren breiten Nuancen und Feinheiten dienen sie nicht mehr nur vorrangig dem Genuss nach dem Essen, sondern werden nachmittags, bei der Arbeit, beim Müßiggang oder an stillen Abenden geraucht. Man genießt heute eine Zigarre passend zu den Gelegenheiten, und es gibt eine unmittelbare Verbindung zur Kochkunst und zum Wein. Die Zukunft bietet allerlei Verheißungen …

### Zigarren im Trend

• *Bolívar Belicosos Finos:* Eine Zeit lang stand diese geschmackvolle Torpedo im Abseits, ist nun aber mit den größten Zigarren im Mittelpunkt des Interesses.

• *H. Upmann Magnum 46:* Diese ebenfalls vernachlässigte, großartige Corona Gorda dürfte die nächste große Erfolgsgeschichte schreiben. Eher geschmackvoll als stark sowie die Größe passen perfekt in die Zeit.

• *Ramón Allones Small Club Coronas:* Reichhaltig und rund mit gewinnenden Aromen ist diese sehr kurze Corona ein Kind der Zeit.

- *Hoyo de Monterrey Épicure N° 2:* Diese aromatische und milde Robusto bietet vollmundigen Rauchgenuss.
- *Montecristo Robustos:* Diese Überraschung der kubanischen Spitzenmarke verbindet das neuerliche Interesse am klassischen Havanna-Stil mit modernen Formaten. Ihr gehört die Zukunft.
- *S.T. Dupont Robustos:* Ihre Milde erfüllt heutige Ansprüche. Sie wird auf den Kanarischen Inseln nach allen Regeln der Kunst hergestellt.
- *Gérard Père et Fils 555:* Diese seidig milde, unkomplizierte Torpedo wurde für den heutigen Raucher entwickelt.
- *Vega Fina Robustos:* Diese beliebte, leichte und samtige dominikanische Zigarre ist frisch und ein wenig trocken und passt in jede Umgebung.
- *Partagás Série D N° 4:* Lange im Abseits, ist diese gefeierte Robusto mit ihrer klassischen Komplexität und dem seidigen Geschmack wieder da.
- *Partagás Pirámides Limited Edition:* Ein weiterer kubanischer Gegenangriff. Mit ihrer Intensität und Reichhaltigkeit ist sie schon heute ein Klassiker.

# Berühmte Zigarrenraucher

Ob Neuling oder alter Hase, als Zigarrenraucher befindet man sich in guter Gesellschaft. Die Zahl berühmter Persönlichkeiten, die das hohe Lied der Havannas – und anderer Zigarren – gesungen haben, ist groß.
Franz Liszt legte Wert darauf, immer einige Zigarren in Griffweite zu haben. Er konnte sogar im Kloster die Erlaubnis erwirken, weiter rauchen zu dürfen. Herausragende Persönlichkeiten haben sich immer für ihr Vergnügen eingesetzt, so lange es Zigarren gibt.

**Soldaten und Künstler**
Marschall Ney, der alte Haudegen Napoleons, wurde 1815 wegen Hochverrats erschossen, nicht ohne eine letzte Zigarre verlangt zu haben, bevor er dem Kommando befahl: Soldaten, direkt ins Herz! Die napoleonischen Truppen hatten die Zigarre in Spanien entdeckt und über ganz Europa verbreitet.
Die Künstler waren besonders anfällig für die neue Mode, die Zigarrenraucher unter ihnen bis zum heutigen Tag sind kaum zählbar: Balzac, Baudelaire, Bizet, Brecht, Byron, Hugo, Mallarmé, Heiner Müller, Offenbach, Picasso, Ravel, Renoir, Stendhal, Toulouse-Lautrec, Wilde, aber auch Sigmund Freud und Albert Einstein und viele andere. Mark Twain soll gesagt haben: Wenn Zigarren rauchen im Himmel verboten ist, gehe ich nicht hin!

**Emanzipierte Frauen**
George Sand war eine der ersten Frauen, die als Zeichen ihrer Unabhängigkeit in der Öffentlichkeit Zigarren rauchte. Die Schriftstellerin Colette rauchte im Bett und empfahl den Frauen, die gleichen Zigarren wie ihre Liebhaber zu rauchen, um sie besser unter Kontrolle zu haben. Bonnie Parker, die bessere Hälfte von Bonnie und Clyde, rauchte für ihr Leben gern. Schauspielerinnen wie Kim Basinger, Demi Moore oder Whoopi Goldberg greifen zur Zigarre. Als Madonna es in der David Letterman Show tat, erregte dies doch noch Aufsehen. Lillian Russel soll 500 kleine Zigarren im Monat geraucht haben, fast das Niveau eines Winston Churchill mit seinen 15 dicken Zigarren pro Tag.

## Bekannte Bilder

Dank vieler Filme und Bilder in allen Medien mit Zigarre rauchender Prominenz hat die Zigarre ihr muffiges Image abgelegt und gilt nicht länger als Zeichen einer bestimmten Gesellschaftsschicht, sondern als Ausdruck eines genussfreudigen Lebens.

Hollywood setzte ganz gewiss auch dabei Leitbilder: Charles Laughton, Robert Mitchum, Jerry Lewis, Dean Martin, W.C. Fields, Orson Welles oder Graucho Marx.

Aber auch heutzutage kann man viele Namen aus der schillernden Welt des Schaugeschäftes aufführen: Michael Jordan, Luciano Pavarotti, Jean-Paul Belmondo, Johnny Hallyday, Peter Falk, Francis Ford Coppola, Tom Hanks oder Daniel Barenboim. Doch auch Politiker dürfen hier zu Ehren kommen, darunter die Präsidenten Kennedy oder Clinton, die Bundeskanzler Erhard oder Schröder …

## Moderne Lebensart

Der wohl berühmteste Zigarrenraucher aller Zeiten dürfte aber der britische Kriegspremier Winston Churchill sein. In seiner Lebensspanne soll er etwa 250 000 Double Coronas geraucht haben. Eine derartige Inkarnation von Zigarre und Lebensstil gibt es derzeit (leider) nicht.

Ob man heute allein oder in Gesellschaft eine Zigarre raucht – es ist keinesfalls mehr eine extravagante Obsession, sondern eine angesehene Form des Genusses. Es ist wie das Entkorken einer guten Flasche Wein, mit Freunden oder allein, nach dem Essen oder beim Gespräch, es gehört zu einem gepflegten, modernen Lebensstil.

*Auch Frauen haben schon immer zur Zigarre gegriffen, wenn George Sand allerdings auch noch eine Provokation darstellte. Links sehen wir den Autor und seine Schwester Marie-Christine, die bei Gérard Père et Fils eine wichtige Rolle als Expertin spielt.*

# Eine ideale Auswahl für den Anfänger

Die folgenden Empfehlungen sind für den Neuling gedacht. Sie beruhen auf jahrelangen Erfahrungen in der Beratung von Menschen, die Zugang in die Welt der Zigarren suchen.

### Morgens
*Gérard Père et Fils 222.* Diese sehr kurze Corona belastet den Geschmack nicht und ist frisch und schnell zu rauchen.

### Nach einem leichten Lunch ohne Alkohol
*Gérard Père et Fils 555.* Geschmackvoll und mild, rund und üppig ist die Visitenkarte dieser gefälligen Torpedo.

### Nach einem leichten Lunch mit Alkohol
*Cuaba Exclusivos.* Die frische und waldige Exquisito (Figurado) wird allmählich vollmundiger und würziger, ohne die Zunge zu überfordern.

### Nach einem üppigen Lunch mit Alkohol
*El Rey del Mundo Cabinet Selección Choix Suprême.* Diese raucherfreundliche Hermoso N° 4 (Robusto) ist mild und geschmackvoll mit einer erstaunlichen Leichtigkeit.

### Nachmittags
*S. T. Dupont Robustos.* Elegant und bescheiden mit perfektem Brand und nie langweilig.

### Apéritif
Eine Pause vor dem Dinner schärft den Geschmackssinn.

### Nach einem leichten Dinner ohne Alkohol
*Rafael González Petit Coronas.* Vegetarisch mit waldigen Noten, bietet diese aromatisch milde Mareva einen guten Einstieg in alles, was noch kommen soll.

### Nach einem leichten Dinner mit Alkohol
*La Gloria Cubana Médaille d'Or N° 1.* Eine qualitätsvolle Delicado (Gran Panetela), sehr elegant, mit einzigartig gutem Brand für dieses Format.

### Nach einem üppigen Dinner mit Alkohol
*Quai d'Orsay Imperiales.* Diese waldige, geschmackvolle und milde Julieta (Churchill) ist als Einführung in die schwereren Formate für den Anfänger bestens geeignet.

*Von unten nach oben und von links nach rechts: Rafael González Petit Coronas, Cuaba Exclusivos, Gérard Père et Fils 222, Quai d'Orsay Imperiales, El Rey del Mundo Cabinet Selección Choix Suprême, Gérard Père et Fils 555, La Gloria Cubana Médaille d'Or N° 1, S. T. Dupont Robustos.*

# Eine ideale Auswahl für den Liebhaber

Diese Empfehlungen sind für den Raucher gedacht, der sich bereits mit verschiedenen Formaten und einigen Geschmacksrichtungen auskennt.

## Morgens
*San Cristóbal de La Habana El Príncipe.* Diese vegetarische und frische Minuto (sehr kleine Corona) ist ein guter Start in den Tag.

## Nach einem leichten Lunch ohne Alkohol
*Padrón 1964 Anniversary Coronas.* Die Zigarre ist reichhaltig und aromatisch und wirkt nicht lange nach.

## Nach einem leichten Lunch mit Alkohol
*Arturo Fuente Fuente Opus X Perfexción Robustos.* Eine feine, ölige und aromatische dominikanische Zigarre ohne würzige Noten, die ein leichtes Mahl perfekt krönt.

## Nach einem üppigen Lunch mit Alkohol
*Rafael González Coronas Extra.* Diese Corona Gorda (Gran Corona) im besten Havanna-Stil betört mit floralem Aroma, perfektem Brand und schöner Ausgewogenheit.

## Nachmittags
*Gérard Père et Fils 444.* Eine sehr angenehme Robusto mit Frische und bestem Brand, mit der man gut auf den Abend warten kann.

## Apéritif
*La Gloria Cubana Médaille d'Or N° 3.* Leicht im ersten Drittel, dann intensiver werdend, mit waldigen und vollen Noten ausgestattet, ist die Panetela Larga eine der am leichtesten zu rauchende ihrer Art.

## Nach einem leichten Dinner ohne Alkohol
*Por Larrañaga Petit Coronas Cabinet Selection.* Diese aromatische Zigarre entfaltet feine florale Noten, die ihr viel Charme verleihen. Das runde und reichhaltige Finale dürfte den Zigarrenliebhaber sehr zufrieden stellen.

## Nach einem leichten Dinner mit Alkohol
*H. Upmann Connoisseur N° 1.* Diese unaufdringliche und gut erhältliche Hermoso N° 4 (Robusto) bewegt sich im leichteren Bereich. Ihr Brand ist zügig und angenehm.

## Nach einem üppigen Dinner mit Alkohol
*El Rey del Mundo Taínos.* Eine frische, leichte, gut erhältliche Julieta (Churchill), die nie ermüdet. Eine ausgezeichnete Einführung in die Welt der großen Formate.

*Von oben nach unten und von links nach rechts: Rafael González Coronas Extra, Por Larrañaga Petit Coronas Cabinet Selection, El Rey del Mundo Taínos, La Gloria Cubana Médaille d'Or N° 3, Arturo Fuente Fuente Opus X Perfexción Robustos, Gérard Père et Fils 444, H. Upmann Connoisseur N° 1, Padrón 1964 Anniversary Coronas, San Cristóbal de La Habana El Príncipe.*

# Eine ideale Auswahl für den erfahrenen Liebhaber

An dieser Stelle betreten wir das Reich von Zigarren mit größerer Tiefe und Verschiedenheit des Geschmacks. Diese Zigarren belohnen den Genießer für die Mühe. Sie sind etwas für erfahrene Raucher mit trainiertem Geschmacksempfinden.

### Nach dem Frühstück
*Partagás Shorts.* Diese Minuto (Très Petit Corona) ist ein einziger Weckruf. Frisch und voller Geschmack mit floralen und Vanille-Akzenten, mit denen der Tag kommen kann.

### Morgens
*Cohiba Siglo III.* Eine große, subtile und milde Corona, um dem Tagesanfang eine gewisse Finesse zu geben.

### Nach einem leichten Lunch ohne Alkohol
*Partagás Coronas Cabinet Selection.* Diese edle und üppige Havanna ganz in der Tradition kommt gleich auf den Punkt und liefert reichhaltige Aromen.

### Nach einem leichten Lunch mit Alkohol
*San Cristóbal de La Habana La Punta.* Eine Pirámide (Torpedo), die nie nachlässt. Die Entwicklung des Geschmacks während des Rauchens ist erstaunlich, besonders bei einer noch so jungen Zigarre.

### Nach einem üppigen Lunch mit Alkohol
*La Gloria Cubana Médaille d'Or N° 2.* Diese rassige Dalia (Churchill) ist reichhaltig und intensiv.

Die würzigen und waldigen Akzente sind der krönende Abschluss eines guten Mahls.

### Nachmittags
*Saint Luis Rey Regios.* Fast überall erhältlich, stellt diese milde und leicht waldige Hermoso N° 4 (Robusto) einen guten Tagesbegleiter dar.

### Apéritif
*Ramón Allones Small Club Coronas.* Mehr als eine gute Wahl für eine Minuto (Très Petit Corona). Sie ist ausgezeichnet, abgerundet und geschmackvoll und eine gute Vorbereitung auf den Abend.

### Nach einem leichten Dinner ohne Alkohol
*Hoyo de Monterrey Le Hoyo des Dieux.* Fruchtig und vollmundig cremig hat diese Corona von hoher Qualität einen langsamen Brand und ist einfach zu rauchen. Sie entfaltet superbe Aromen.

### Nach einem leichten Dinner mit Alkohol
*Romeo y Julieta Belicosos.* Die perfekte Krönung eines Fischgerichtes beispielsweise. Diese schwere, aromatische Campana (Torpedo) ist eine nachdrückliche Erfahrung.

### Nach einem üppigen Dinner mit Alkohol
*Partagás Lusitanias.* Diese kräftige, tanninige und intensive Prominente (Double Corona) ist eine der Besten, die es gibt.

*Von oben nach unten und von links nach rechts: Saint Luis Rey Regio Hoyo de Monterrey Le Hoyo des Dieux, San Cristóbal de La Habar La Punta, Romeo y Julieta Belicosos, Partagás Shorts, Cohiba Siglo I Ramón Allones Small Club Coronas, Partagás Coronas Cabin Selection, Partagás Lusitanias, La Gloria Cubana Médaille d'Or N°*

# Eine ideale Auswahl für den Connaisseur

Diese Empfehlungen sind für Raucher gedacht, die den ausgeprägten Geschmack lieben und den ganzen Tag über starke, vollmundige Zigarren bevorzugen.

## Nach dem Frühstück
*Punch Super Selection N° 2.* Vollmundig mit erdigen und würzigen Aromen, entlässt diese sehr gute Corona Gorda in den Tag.

## Morgens
*H. Upmann Magnum 46.* Mit ihrem exzellenten Verhältnis von Länge und Durchmesser ist diese eher aromatische als kräftige Corona Gorda erstaunlich leicht zu genießen.

## Nach einem leichten Lunch ohne Alkohol
*Juan López Selección N° 1.* Mild, leicht und frisch, aber rassig, ist diese Corona Gorda weniger kräftig als andere Zigarren ihres Formats. Genau deshalb die richtige Wahl für diese Gelegenheit.

## Nach einem leichten Lunch mit Alkohol
*Partagás Série D N° 4.* Sehr aromatisch und schwer, ist dies eine Robusto mit Charakter. Liebhaber starken Geschmacks kommen voll auf ihre Kosten.

## Nach einem üppigen Lunch mit Alkohol
*H. Upmann Sir Winston.* Die Stärke dieser Julieta (Churchill) ist besonders für die Liebhaber von intensiv waldigen und Amber-Tönen attraktiv. Eine ausgezeichnet starke Zigarre mit vollem Körper.

## Nachmittags
*Ramón Allones Petit Coronas.* Eine klassische Mareva mit ausreichend Biss und erdigen Noten für den erfahrenen Raucher, der prononcierten Geschmack liebt.

## Apéritif
*Bolívar Belicosos Finos.* Diese subtile und sehr aromatische Campana (Figurado) ist leichter als früher zu genießen und passt ausgezeichnet zu Champagner.

## Nach einem leichten Dinner ohne Alkohol
*Punch Double Coronas.* Eine ausgezeichnet gemachte Zigarre und eine der besten ihrer Art. Sie entfaltet intensive Aromen in würzige und honigartige Richtungen.

## Nach einem leichten Dinner mit Alkohol
*Montecristo »A«.* Eine Gran Corona (Especial) von schönem Format mit entfalteter Geschmackspräsenz im Mund. Ihre Intensität kann fast schon erschöpfend wirken.

## Nach einem üppigen Dinner mit Alkohol
*Partagás Pirámides Limited Edition.* Eine wahrlich große Havanna, sowohl hinsichtlich ihrer Intensität wie auch des Stils. Die reiche Palette von Würzigkeit verlangt Aufmerksamkeit.

*Von oben nach unten und von links nach recht
Bolívar Belicosos Finos, H. Upmann Magnum 46, Partagás Série
N° 4, Ramón Allones Petit Coronas, Punch Double Corona
H. Upmann Sir Winston, Montecristo »A«, Punch Super Selectio
N° 2, Juan López Selección N° 1, Partagás Pirámides Limited Editio*

# Glossar

**Bauchbinde:** Schmales Papierband mit Markenzeichen um die Zigarre, ursprünglich zum Schutz gedacht.

**Cabinet:** Würfelförmige Zigarrenkiste aus Zedernholz, naturbelassen oder lackiert, die ein halbes oder ein viertel Rad, also 50 oder 25 Zigarren enthält, die keine Bauchbinden haben, aber insgesamt von einem Band umschlungen sind.

*Capa:* Deckblatt.

*Casa de tabaco:* Gut belüfteter Schuppen, in dem der Tabak nach der Ernte getrocknet wird.

*Cepo:* Ringmaß.

*Chaveta:* Die halbmondförmige Klinge, mit der die Roller das Blatt schneiden und glätten.

*Culebra:* Schlange. Drei zusammengeflochtene kleine Zigarren. Der bekannte Psychoanalytiker Jacques Lacan war ein ausgesprochener Liebhaber dieses Formats.

**Deckblatt:** Das äußere Blatt der Zigarre besteht aus einem möglichst homogenen, rechteckigen halben Blatt von der obersten Etage der Tabakpflanze (Capa).

**Einlage:** Der Tabak in der Mitte der Zigarre, beim Rollen auch »Puppe« genannt.

**Entrippen:** Entfernen der zentralen Ader des Tabakblattes.

*Envasador:* Verpacker.

*Escaparate:* Kabinett mit konstanter Luftfeuchtigkeit und Temperatur in der Fabrik.

*Escogedor:* Farbsortierer.

*Escogida:* Großes Fest in den Plantagendörfern, wenn die Experten der Fábricas die Blätter nach der ersten Fermentation auswählen.

*Fábrica:* Zigarrenmanufaktur.

*Finca:* Tabakplantage.

**Format:** Sammelbegriff für Form, Länge und Ringmaß einer Zigarre.

**Fumigation:** Beseitigung der Parasiten durch Begasen.

**Fuß:** Unteres Ende der Zigarre.

*Galera:* Der Raum, in dem die Zigarren gerollt werden, häufig am Boden der Kiste vermerkt und zugleich auch der Name verschiedener Formate.

**Garantiesiegel:** Offizielles, grünes Siegel an der Kiste mit Garantie der Authentizität.

*Gavilla:* Bündel von 40 bis 50 Tabakblättern vor der ersten Fermentation.

**Halbes Rad:** Spanisch »Media Rueda«, traditionelle Bezeichnung für ein Bündel mit 50 Zigarren.

**Humidor:** Behältnis zur Konservierung von Zigarren bei möglichst gleichmäßiger Luftfeuchtigkeit und Temperatur in verschiedenen Größen und Materialien.

**Kopf:** Spitze der Zigarre.

**Matierung:** Bestäuben des Deckblattes mit Tabakpulver bei maschinell gefertigten Zigarren, besonders in den Vereinigten Staaten.

**Mischung:** Die Kombination verschiedener Tabake, die den Charakter einer Zigarre formen.

**Puppe:** Kern der Zigarre aus Einlage und Umblatt.

**Puro:** spanisch Zigarre, auch Bezeichnung für eine Zigarre aus einer einzigen Tabaksorte.

**Ringmaß:** Durchmesser der Zigarre, angegeben in einem Mehrfachen von 1/64 inch.

**Tapado:** Weiße Baumwollstoffbahnen als Sonnenschutz für die Tabakpflanzen, zugleich Bezeichnung der Felder, wo sie aufgespannt sind.

**Tercio:** Bezeichnung der großen Tabakgarben nach der zweiten Fermentation vor dem Abtransport in die Galeras.

**Torcedor:** Zigarrenroller.

**Traditionelle Kiste:** Entweder aus naturbelassenem oder lackiertem Zedernholz, geschmückt mit einer Vista und ausgestattet mit Schutzpapier.

**Umblatt:** Das Blatt, das die Einlage zusammen hält, bevor beide dann vom Deckblatt umhüllt werden, spanisch Capote.

**Vega:** Ursprünglich Tabakfeld, heute auch Bezeichnung der Region von Tabakplantagen.

**Veguero:** Arbeiter auf einer Tabakplantage.

**Vintage:** Jahrgangszigarren, allgemein für optimal gereifte Spitzenzigarren, ohne dass in der Regel das Erntejahr des Tabaks angegeben wird, das einen vergleichbaren Einfluss auf das Ergebnis hat wie beim Wein.

**Vista:** Farbiges Markenzeichen als Dekoration in traditionellen Zigarrenkisten.

**Vitola:** Ganz allgemein Bezeichnung für eine Zigarre, aber etwas enger gefasst der Zusammenhang von Marke, Format und Mischung oder in Bezug auf die Galera und die hölzernen Maßformen, weil unter einer Marke und einem Format auch vier verschiedene Zigarren produziert werden können.

# Register

Abschneider 52, 61
Accessoires 53, 60–61
Alkohol 64–65
Almuerzo 36
Anfühlung 54–55
Antillen 6
Aromen 56–57
Arturo Fuente 12, 21
    Fuente Opus X Perfexción
    Robustos 86–87
Ashton 12
Aufbau einer Zigarre 30
Auktions-Zigarren 67
Aussehen 54

Bahia 19
Bahia Gold 18
Bances 15, 19
Baracoa 9
Bauchbinde 44–45
Bauza 12, 19
Belinda 14
Bertoua 21
Bolívar 10, 26, 70
    Belicosos Finos 80, 90–91
Borneo 20
Brasilien 18–19, 21
Breña Alta 20

Cabañas y Carbajal 75
Caldera del Tabariente 20
Calixto Lopez 20, 66
Campana 32
Canaria d'Oro 12
CAO 18
Cazador 26
Cervantes 26, 32
Chago Díaz 13
Churchill 32
Cifuentes 19
Cigarrito 36
Clarísimo 38
Claro 38
Cohiba 10, 26, 70
    30. Jahrestag 75
    Coronas Especiales 35
    Millennium 75

Siglo I 37
Siglo III 88–89
Cojo 14
Colorado 38
Color Dominicano 13
Connecticut 13–14, 16, 19–20
Copaneco 14
Corojo 11
Corona 34
    Grande 26, 34
    Gorda 26, 34
Cortador 52
Costa Rica 14, 18
Criollo 11, 14, 16, 18
Cruz Real 18
Cuaba 10, 70, 73
    Exclusivos 35, 85
Cuba Aliados 15, 19

Dalia 26, 32
Danlí 14
Davidoff 12, 66
    80 Aniversario 75
Delicado 36
Demi-tasse 36
Diplomáticos 10, 26, 70
Dominikanische Republik
    12–14, 19
Don Diego 12
Don Pepe 19
Don Ramos 15
Don Tomás 15
Double Corona 32
Double Happiness 21
Duft 54–55
Dunhill 12, 66
    Cabinetta 75
    Havana Club 75
    Varadero 75

Ecuador 13–14, 18–19
El Rey del Mundo 8, 10, 73
    Cabinet Selección
    Choix Suprême 84–85
    Taínos 86–87
Entreacto 36
Especial 32

Estelí 16
Excalibur 15
Excelsior 18
Exquisito 32

Fälschungen 68–69
Figurado 32
Flor de Copán 15
Flor de Selva 15
Florida 20
Frankreich 6

Gefühl 55
Genuss 55
Gérard Père et Fils
    222 78, 84–85
    444 37, 78, 86–87
    555 78, 81, 84–85
    666 78
    888 78
    Cuvées Spéciales 78–79
    Sélection des Sélections 51
Geschmack 54–56
Gispert Petit Coronas
    de Luxe 75
Gran Corona 26, 32, 34
Großbritannien 6, 7, 19
Guillotine 28, 52

H. Upmann 8, 10, 12, 26, 71
    Connoisseur N° 1 37, 86–87
    Connoisseur N° 2 37
    Magnum 46 35, 80, 90–91
    N° 2 33
    Sir Winston 90, 91
Habana 92/2000 11, 14, 16
Habana Gold 19
Habanos s.a. 69
Haiti 12
Hecho a mano 25, 31
Hecho en Cuba 69
Hemingway, Ernest 65
Henry Clay 66, 75
    Diamantinos 74
Hermoso N° 4 34
Honduras 14–15, 19
Hoyo de Monterrey 8, 10, 14, 71

Épicure N° 2 81
Le Hoyo des Dieux 35, 88–89
Humidor 48–49

Indian Tabaco Cigar 15
Indonesien 19, 20
Italien 6

Jahrgangszigarren 74
Jalapa, Tal 14, 16
Jamaika 18–19
Japan 6
Java 20
Joaquín Cuesta 75
José Geners Magnum 40
José Luis Piedra 9
Joya de Nicaragua 16, 19
Juan Clemente 12
Juan López 10, 71
    Selección N° 1 90–91
Julieta 32

Kabinett 40
Kamerun 13, 20–21
Kanarische Inseln 20
Kentucky 6, 20
Kingston 19
Kuba 6, 8–9, 22
Küche 62–63

La Aurora 12, 21
La Corona 7, 75
La Escepción 7
    Longos 75
La Flor de Cano 66
    Diademas 75
La Flor de la Isabela 21
La Flor Dominicana 12
La Gloria Cubana 10, 20, 26, 70
    Médaille d'Or N° 1 84–85
    Médaille d'Or N° 2 33, 88–89
    Médaille d'Or N° 3 86–87
La Meridiana 16
La Palma 20
Laguito N° 1 36
Laguito N° 3 36
Laura Chavin 12

Ligero 24, 30
Lochschneider 52, 61
Lonsdale 26, 32, 34

Macanudo 12, 19
Machine 25, 31
Maduro 38
Malta 6
Manila 21
Mareva 36
Maria Guerrero 7, 66, 75
Marokko 6
Maryland 6, 20
Mata Fina 19
Mata Norte 19
Mata Sul 19
Mexiko 7, 18–19
Minuto 36
Montague 20
Montecristo 8, 10, 12, 26, 71
  »A« 33, 90–91
  Robustos 81
Montecruz 21
Morocelí 14

Nat Sherman 12
Negro 39
Nicaragua 12, 16–17
Nicotiana Tabacum 7, 18
Niederlande 6
Nordamerika 6
North Carolina 6

Ocotal 16
Omotepe 16
Oriente 9
Oscuro 39

Padrón 16
  1964 Anniversary Coronas
  86–87
Panetela 36
Panetela Larga 36
Partagás 8, 10, 12, 26, 72
  150. Jahrestag 75
  155. Jahrestag 33
  Coronas Cabinet Selection
  88–89
  Cristal Tubos 75
  Lusitanias 88–89
  Palmas Reales Cristal Tubos 75
  Pirámides Limited Edition
  81, 90–91
  Salomones 33
  Série D N° 4 81, 90–91
  Shorts 88–89
Partido 9
Peñamil 20
Petit Corona 36
Philippinen 20–21
Piloto Cubano 13
Pinar del Río 10
Pirámide 32
Pléiades 12
Por Larrañaga 8, 10, 72
  Petit Coronas
  Cabinet Selection 86–87
Portugal 6
Prominente 32
Punch 8, 10, 14, 72
  Double Coronas 90–91
  Super Selection N° 2 90–91

Quai d'Orsay 10, 72
  Imperiales 84–85

Rafael González 10, 72
  Coronas Extra 86–87
  Lonsdales 33
  Petit Coronas 84–85
  Slenderellas 33
  Vitolas B 75
Ramón Allones 8, 10, 12, 26, 73
  Coronas Cabinet Selection 35
  Petit Coronas 37, 90–91
  Small Club Coronas 80, 88–89
Remedios 9
Robusto 34
Romeo y Julieta 8, 10, 73
  Belicosos 35, 88–89
  Exhibición N° 2 33
  Fabulosos 66
  Romeos 75
Royal Jamaika 12

S.T. Dupont 20
  Robustos 81, 84–85
Saint Luis Rey 10, 73
  Churchills 33
  Regios 88–89
San Andrés, Tal 18
San Cristóbal de La Habana 10, 73
  El Príncipe 37, 86–87
  La Punta 88–89
San Juan y Martínez 11
San Luis 11
San Vicente 13
Sancho Panza 8, 10, 73
  Belicosos 69
Santa Clara 18
Santa Damiana 12
Santa Rosa de Copán 14
Seco 24, 30

Semi-Vuelta 9
Sosa 19
Spanien 7, 10, 16
Sucking machine 25
Suerdieck 19
Sula, Tal 14
Sumatra 20

Talanga 14
Te-Amo 18
Temple Hall 19
Torpedo 32
Totalmente
  a mano 25, 30
Très Petit Corona 36
Trinidad 10, 73
  Fundatores 33
Tripa Corta 31
Türkei 6

Vargas 20
Vega Fina 12
  Robustos 81
Vegas Robaina 10, 26, 73
Vera Cruz 18
Vereinigte Staaten 14, 18–20
Villar y Villar 75
Vintage-Zigarren 74–75
Virginia 6, 20
Vista 42–43, 93
Volado 24, 30
Vuelta Abajo 8, 10–11
Vuelta Arriba 9

Zigarrendosen 49
Zigarrenkiste 40
Zigarrenschere 52

## Danksagung

Dank an Anton Molnar und Antoni Vives Fierro,
die die Kunst in die Welt der Zigarren gebracht haben.

Dank an meine Mutter für ihr Vorbild;
an meine Frau für ihre Geduld;
an meine Schwester für ihre Mithilfe;
und natürlich an Sévan und Taline.

---

Copyright © 2001, Flammarion, Paris
Die französische Originalausgabe mit dem Titel »*Le Cigare – L'art du Cigare*«
erschien 2001 bei Editions Flammarion, Paris.

**Bibliografische Information Der Deutschen Bibliothek**
Die Deutsche Bibliothek verzeichnet diese Publikation in der Deutschen Nationalbibliografie;
detaillierte bibliografische Daten sind im Internet über »http://dnb.ddb.de« abrufbar.

2. Auflage
ISBN 3-7688-1482-3
Die Rechte für die deutsche Ausgabe liegen beim Verlag Delius, Klasing & Co. KG, Bielefeld

Übersetzung und deutsche Bearbeitung: Dr. Volker Bartsch
Fotos: Matthieu Prier, außer: S. 4, 6, 18: DR, Gamma; S. 9: Ferri/Liaison; S. 11, 23 rechts, 26: Marc Deville;
S. 13, 15: Franck Caradec; S. 21: Mingasson/Liaison; S. 23 links: P. Siccoli; S. 27: Jean-Marc Loubat
Grafische Gestaltung: Delphine Delastre
Printed in Spain 2004

Alle Rechte vorbehalten! Ohne ausdrückliche Erlaubnis des Verlages darf das Werk, auch nicht Teile daraus,
weder reproduziert, übertragen noch kopiert werden, wie z. B. manuell oder mithilfe elektronischer und mechanischer
Systeme inklusive Fotokopieren, Bandaufzeichnung und Datenspeicherung.

Delius Klasing Verlag, Siekerwall 21, D - 33602 Bielefeld
Tel.: 0521/559-0, Fax: 0521/559-115
E-mail: info@delius-klasing.de • www.delius-klasing.de

---

Boutique Noga Hilton – 19, quai du Mont-Blanc – 1201 Genève
Tel. (00) 41 22 908 35 35, Fax (00) 41 22 908 35 30
www.gerard-pere-et-fils.com • www.gerard.ch
E-mail: info@gerard-pere-et-fils.com • info@gerard.ch

## DIE FEINSTEN ZIGARREN DER WELT

FOTOS: MATTHIEU PRIER

## DELIUS KLASING VERLAG

*Escogedoras (Tabak-Sortiererinnen)*, Öl auf Leinwand, Antoni Vives Fierro.

# Inhalt

5 Vorwort

## Piramide, Campana, Exquisito
6 Cohiba Millennium 2000
7 Diplomáticos N° 2
8 H. Upmann N° 2
9 Montecristo N° 2
10 Partagás Piramides Limitierte Serie
11 San Cristóbal de La Habana La Punta
12 Vegas Robaina Únicos
13 Bolívar Belicosos Finos
14 Romeo y Julieta Belicosos
15 Arturo Fuente Hemingway Reserva
   Especial Signature (D)
16 Santa Damiana Torpedo (D)
17 Cuaba Exclusivos

## Gran Corona
18 Hoyo de Monterrey Particulares Limitierte Serie
19 Montecristo »A«

## Prominente
20 Hoyo de Monterrey Double Coronas
21 Partagás Lusitanias
22 Punch Double Coronas
23 Ramón Allones Gigantes
24 Romeo y Julieta Exhibición N° 2 Limitierte Serie
25 Vegas Robaina Don Alejandro

## Julieta
26 Bolívar Coronas Gigantes Cabinet Selection
27 La Gloria Cubana Taínos
28 H. Upmann Sir Winston
29 Punch Churchills

30 Quai d'Orsay Imperiales
31 El Rey del Mundo Taínos
32 Romeo y Julieta Churchills
33 Saint Luis Rey Churchills
34 San Cristóbal de La Habana El Morro

## Corona Gorda
35 Montecristo Coronas Grandes (D)
36 Cohiba Siglo IV
37 Hoyo de Monterrey Épicure N° 1
38 H. Upmann Magnum 46
39 Juan López Selección N° 1
40 Punch Royal Selection N° 11
41 Punch Black Prince
42 Punch Super Selection N° 2
43 Rafael González Coronas Extra
44 Saint Luis Rey Série A
45 San Cristóbal de La Habana La Fuerza

## Hermoso N° 4, Robusto und andere
46 H. Upmann Connoisseur N° 1
47 El Rey del Mundo Cabinet Selección Choix Suprême
48 Romeo y Julieta Exhibición N° 4 Cabinet Selección
49 Saint Luis Rey Regios
50 Arturo Fuente Fuente Opus X Perfexción Robustos (D)
51 Flor de Copán Rothschild 50 x 5 (H)
52 Vega Fina Robustos (D)
53 Bolívar Royal Coronas
54 Cohiba Robustos
55 Juan López Selección N° 2
56 Montecristo Robustos Limitierte Serie
57 Partagás Série D N° 4
58 Ramón Allones Specially Selected
59 S.T. Dupont Robustos (K)

**Dalia**
60 Bolívar Inmensas
61 Cohiba Siglo V
62 La Gloria Cubana Médaille d'Or N° 2
63 Ramón Allones 8-9-8 Verni

**Cervantes**
64 Partagás Lonsdales Cabinet Selection
65 Rafael González Lonsdales
66 Sancho Panza Molinos

**Corona Grande**
67 Cohiba Siglo III
68 La Gloria Cubana Sabrosos
69 Hoyo de Monterrey Le Hoyo des Dieux
70 Punch Super Selection N° 1

**Corona**
71 Partagás Coronas Cabinet Selection
72 Ramón Allones Coronas Cabinet Selection
73 Romeo y Julieta Coronas
74 Sancho Panza Coronas
75 Padrón 1964 Anniversary Coronas (N)

**Mareva und Almuerzo**
76 Bolívar Petit Coronas Cabinet Selection
77 Cohiba Siglo II

78 Hoyo de Monterrey Le Hoyo du Prince
79 Partagás Petit Coronas Cabinet Selection
80 Por Larrañaga Petit Coronas Cabinet Selection
81 Punch Petit Coronas
82 Punch Royal Selection N° 12
83 Rafael González Petit Coronas
84 Ramón Allones Petit Coronas
85 Saint Luis Rey Petit Coronas

**Minuto**
86 Partagás Shorts
87 Ramón Allones Small Club Coronas
88 San Cristóbal de La Habana El Príncipe

**Laguito**
89 Cohiba Lanceros
90 Trinidad Fundadores

**Delicado**
91 La Gloria Cubana Médaille d'Or N° 1

**Panetela Larga**
92 La Gloria Cubana Médaille d'Or N° 3
93 Rafael González Slenderellas

95 Register
96 Danksagung

*Bei nichtkubanischen Zigarren folgt in Klammern deren Herkunftsland*
*(D: Dominikanische Republik; H: Honduras; K: Kanarische Inseln; N: Nicaragua).*

*Für meinen Vater, von dem ich die Passion geerbt habe.*

# Vorwort

Es ist eine unlösbare Aufgabe, die besten Zigarren der Welt auch nur annähernd darstellen zu wollen. Wenn man es trotzdem versucht, fallen einem die Evolutionen, Veränderungen und Mutationen in der Welt der Zigarren auf, aber auch die ewigen Wahrheiten. Jedes Jahr, fast jeder Tag, bringt Neuerungen mit sich, aber die großen Klassiker bleiben groß, ihre herausragende Qualität bestätigt ihren dauerhaften Ehrenplatz.

Aber wenn man schon auswählen muss, stellt sich die Frage – wie? Alle in diesem Buch vorgestellten Zigarren kommen aus unseren Reifungsräumen. Sie wurden also unter idealen Bedingungen gelagert, um ihr ganzes Potenzial entwickeln zu können. Wir haben uns nur für diejenigen entschieden, die das gewisse Etwas haben, das sie von anderen unterscheidet, wie gut diese auch sein mögen. Und am Ende entscheidet der Geschmack. Wir sind Aficionados mit persönlichen Vorlieben, Neigungen und Nostalgien – wie Sie auch.

Einige Erläuterungen zu unserem Bewertungssystem müssen aber sein. Der Begriff »Stärke« bezieht sich auf die Intensität, aber auch den Reichtum des Geschmacks. »Gleichmäßigkeit« beurteilt die Herstellung der Zigarre (Geschmeidigkeit, Dichte, Durchlässigkeit) und den Zug, der für die Kunst des Rauchgenusses wesentlich ist. »Charakter« hat eine vergleichende, keine absolute Bedeutung. Alle Zigarren in diesem Buch sind von höchster Qualität. Auch dieser Begriff bedarf einer Erläuterung. Eine Zigarre kann hinsichtlich des Tabaks, der Herstellung, des Finishing und der Reife einwandfrei sein und trotzdem unseren Kriterien nicht entsprechen.

Wie bei jeder Auswahl spielt der Vergleich eine große Rolle. Ein junge Zigarre kann sich im Alterungsprozess erheblich verbessern, eine ältere mag vom Wegesrand abgekommen sein und von einer Neubewertung ihrer Tugenden profitieren. Die Zeit kann ein feststehendes erstes Urteil sehr fragwürdig machen. Und vor allem: Es sind kleinste Differenzen, Feinheiten und Nuancen, die nach bestem Wissen und Gewissen unser Urteil als Konsumenten, die wir schließlich alle sind, beeinflussen.

Die Kategorie »Genuss« fasst all das zusammen, was man für einen optimalen Rauchgenuss wissen sollte. Dazu gehören historische Anmerkungen, die Kombination mit Speisen, Getränken und Anlässen und auch ein Bezug zur Erfahrung mit Zigarren. Wir wollen damit die sinnlichen und analytischen Fähigkeiten des Aficionados erweitern.

Bei unserer Gesamtbewertung ist der höchste zu erreichende Wert »10«. Die Abbildungen zeigen die Zigarren in ihrer Originalgröße.

Unser größter Wunsch für den Leser dieses Buches ist, dass am Ende seine Geschmacksknospen sensibler und seine Sinne hellwach sein mögen, um die eine oder andere dieser Zigarren zu probieren. Denn wir wissen, dass eine feine Zigarre Aufmerksamkeit, Sorgfalt und Aufgewecktheit, ja Leidenschaft verlangt, um den Gipfel ihrer Möglichkeiten zu erreichen – und wir wissen auch, dass es die beste Vorbereitung für den Genuss ist, davon zu träumen. Darüber hinaus hoffen wir, dass dieses Buch der Stoff ist, aus dem Träume sind.

Piramide – Kuba

# COHIBA MILLENNIUM 2000

Länge:            156 mm (6 ⅛ in.)
Ringmaß:       52 (20,64 mm)
Körper:           Rund
Aufmachung: 25 Stück in Porzellandose

### Aussehen
Die für Cohiba besondere Bauchbinde dieser gut gebauten Torpedos wird von der Jahreszahl 2000 geziert. Die Mischung von Colorado und Maduro vermittelt ein Gefühl von Stärke.

### Anfühlung
Die Zigarren dieser Familie fühlen sich rauh und ölig an. Der gestreckte Körper passt gut zum konischen Kopf.

### Duft
Die Verpackung in einer Porzellandose bewahrt den Duft, der zunächst frisch daher kommt und dann stärkeren Kakao-Aromen mit bleibender, wuchtiger Stärke weicht.

### Geschmack
Der Geschmack der Millennium ist besonders reichhaltig, kräftig, rund und intensiv. Jung sind sie herber, das letzte Drittel neigt zu Überhitzung. Sorgfältiges Altern lässt diese Mängel verschwinden und gibt das leicht erdige, würzige Aroma dieser außergewöhnlich aromatischen Cohiba frei.

### Genuss
Als Kollektion für den Jahrtausendwechsel herausgebracht, sollte diese schöne Zigarre etliche Jahre reifen, bevor sie geraucht wird. Wenn sie ihren Höhepunkt erreicht hat, wird sie großartig zu einem guten Wein des gleichen Jahrgangs passen, vorzugsweise einem Haut-Brion, Lafite oder Petrus.

**Gesamtbewertung**
Stärke: 8,5 – Gleichmäßigkeit: 9 – Charakter: 8,5.

Piramide – Kuba

# DIPLOMÁTICOS N° 2

Länge:         156 mm (6 ⅛ in.)
Ringmaß:       52 (20,64 mm)
Körper:        Quadratisch
Aufmachung:    Traditionelle Kiste mit 25 Stück

### Aussehen
Diese reichhaltige und volle Zigarre ist gut gebaut und hat einen besonders feinen Kopf. Die Colorado-Claro- und die Maduro-Version strahlen beide Stärke aus.

### Anfühlung
Eher flexibel als weich, wird die kraftvolle Füllung durch eine cremige Mischung aus Feuchtigkeit und natürlicher Fleischigkeit unterstrichen.

### Duft
Das reiche und anhaltende florale Aroma ist in den ersten zwei Jahren fast ein wenig herb, gewinnt aber mit der Zeit an Rundheit und Adel.

### Geschmack
Der tiefe, starke Geschmack des ersten Zuges mag den Anfänger überwältigen. Man kann die Zigarre nach der Hälfte ein paar Minuten beiseite legen, um das feine konzentrierte Ende zu verstärken, bei dem das feuchte, würzige Aroma Holznoten annimmt. Aber der kräftige, ein wenig heiße Brand erfordert Erfahrung.

### Genuss
Die Diplomáticos N° 2 wurde früher von den Stars des Formats in den Schatten gestellt, hat sich aber in der letzten Dekade einen eigenen Ruf erworben. Nach dem Essen ist sie großartig, besonders zu einem Digestif. Ausreichendes Reifen macht den ersten Zug weicher.

**Gesamtbewertung**
Stärke: 8,5 – Gleichmäßigkeit: 8 – Charakter: 7,5.

Piramide – Kuba

# H. UPMANN N° 2

Länge: 156 mm (6 ⅛ in.)
Ringmaß: 52 (20,64 mm)
Körper: Quadratisch
Aufmachung: Traditionelle Kiste mit 25 Stück

### Aussehen
Eine Zigarre mit klarer Erscheinung. Die üblichen Colorado-Deckblätter zeigen Rot- und Brauntöne. Einige stärker geäderte Blätter ragen aus der außergewöhnlich gleichmäßigen Kiste heraus.

### Anfühlung
Dies ist eine feste, kompakte und sehr homogene Zigarre. Vom gleichmäßigen Fuß zieht sich der stämmige Körper zum perfekt pointierten Kopf. Ihre samtige Textur hinterlässt einen leicht öligen Film in der Hand. Imposant, fest und maskulin.

### Duft
Das kräftig-würzige Aroma über einem Ambraduft als Grundton eröffnet die Freuden des Wohlgeschmacks. Das Bukett wird durch sehr feuchte und entfaltete Aromen eines Waldbodens geprägt.

### Geschmack
Vom ersten Zug an hat man einen reichhaltigen und kräftig fleischigen Geschmack. Die H. Upmann N° 2 hat einen außergewöhnlich langen Abgang. Der Akzent liegt auf würzig, pfefferig, scharf. Alles in der Tradition des Torpedo-Formats.

### Genuss
Es dauerte Jahre, bis diese großartige Figurado ihren verdienten Platz neben der ehrwürdigen Montecristo N° 2 einnahm. Im Gegensatz zu ihrer Erscheinung ist die H. Upmann N° 2 keinesfalls schwer. Für den erfahrenen Connaisseur ist sie eine feine Ergänzung zu einem reichhaltigen Mahl, jedoch für den Anfänger oder Gelegenheitsraucher nicht unbedingt empfehlenswert.

**Gesamtbewertung**
Stärke: 9 – Gleichmäßigkeit: 8,5 – Charakter: 9.

Piramide – Kuba

# MONTECRISTO N° 2

Länge:            156 mm (6 ⅛ in.)
Ringmaß:       52 (20,64 mm)
Körper:           Quadratisch
Aufmachung: Traditionelle Kiste mit 25 Stück

### Aussehen
Die Farbpalette dieses Königs der Torpedos reicht von hell bis dunkel – die Colorado sieht am besten aus. Die Zigarre hat eine gleichmäßige Fettigkeit.

### Anfühlung
Ein perfekter Körper, geschmeidig und fest zugleich, und ein Kopf wie eine Goldschmiedearbeit. Sie liegt so gut in der Hand, dass man glaubt, eine Double Corona zu halten.

### Duft
Eindringlich und reichhaltig mit einer für die Marke uncharakteristischen Würzigkeit. Der Körper verströmt eine leichte Lederigkeit, der Fuß hat sein eigenes holziges, rundes und reiches Aroma.

### Geschmack
Das erste Drittel ist eher üppig als aromatisch. Dann treten eindrucksvolle Holz- und Ledernoten sowie erdige Aromen hervor, die in einem würzigen Finale enden, das vom konischen Kopf verstärkt wird.

### Genuss
Die Montecristo N° 2 wurde oft kritisiert, bleibt aber eine großartige Zigarre, wenn sie ordentlich hergestellt wurde. Diese äußerst ehrenwerte Zigarre bewegt sich in einer eigenen Klasse und sollte nicht mit anderen verglichen werden. Sie ist perfekt nach einem reichhaltigen, gehobenen Mahl zu einem außergewöhnlichen Wein, der die Sonne eingefangen hat.

**Gesamtbewertung**
Stärke: 9 – Gleichmäßigkeit: 8,5 – Charakter: 8,5.

Piramide – Kuba

## PARTAGÁS PIRAMIDES
## LIMITIERTE SERIE

Länge: 156 mm (6 ⅛ in.)
Ringmaß: 52 (20,64 mm)
Körper: Quadratisch
Aufmachung: Traditionelle Kiste mit 25 Stück

### Aussehen
Die besonnten und kraftstrotzenden Deckblätter geben dieser großartigen Havanna ihre fette Reichhaltigkeit und Dichte. Die dunkelbraune Farbpalette mit rötlichen Erdtönen markiert ihren insgesamt rauen und robusten Stil.

### Anfühlung
Geschmeidig und fest mit einer samtigen, leicht rauen Textur und einem meisterhaft regelmäßigen Kopf.

### Duft
Der Körper verbreitet ein Aroma von neuem Leder, während der Fuß mit seinem komplexen, würzigen Wohlgeruch betört. Sehr nachhaltig.

### Geschmack
Eine Havanna in all ihrem Glanz mit dem authentischen Geschmack der Mitte des vorigen Jahrhunderts. Die charakteristische Würze wird von Kennern geschätzt.

### Genuss
Diese Auflage mit der »Edición Limitada«-Bauchbinde wurde auch 2001 produziert. Sie hat die Kraft und den Stil bester Havanna-Tradition. Ideal für lange Winterabende am Kamin mit guten Drinks und ebensolchen Ideen. Die Zigarre reift hervorragend.

**Gesamtbewertung**
Stärke: 10 – Gleichmäßigkeit: 9 – Charakter: 9,5.

Piramide – Kuba

## SAN CRISTÓBAL DE LA HABANA
## LA PUNTA

Länge: 156 mm (6 ⅛ in.)
Ringmaß: 52 (20,64 mm)
Körper: Quadratisch
Aufmachung: Traditionelle Kiste mit 25 Stück

### Aussehen
Einer großen Torpedo würdig. Die seidigen Deckblätter reichen von Altgold zu edlen Rottönen.

### Anfühlung
Die einheitliche Machart betont die fette Fülle der Blätter und ist bei den dunkleren Farben von samtiger Sanftheit.

### Duft
Die Zigarre ist noch zu jung, um ihr wahres Aroma zu zeigen. Das Bukett des Fußes ist grün und floral.

### Geschmack
Ein sanfter, aromatischer Beginn entwickelt sich zu einem kräftigen, reichhaltigen zweiten Drittel mit einem starken Finale. Ein großartiger Verlauf ohne Überhitzung bei einer solch jungen Zigarre.

### Genuss
Die La Punta entstand in den späten 1990er-Jahren, als dieses Format in Mode war. Sie ist eine exzellente Ergänzung für eine ambitionierte Marke und hat eine feine Cremigkeit, nachhaltige Stärke und mitteltiefe Reichhaltigkeit. Sie passt sehr gut zu einem tanninhaltigen Rotwein mit Holz- und Raucharomen.

**Gesamtbewertung**
Stärke: 7 – Gleichmäßigkeit: 8 – Charakter: 7,5.

Piramide – Kuba

# VEGAS ROBAINA ÚNICOS

Länge: 156 mm (6 ⅛ in.)
Ringmaß: 52 (20,64 mm)
Körper: Quadratisch
Aufmachung: Traditionelle Kiste mit 25 Stück

### Aussehen
Die Farbe ist zumeist Claro oder Colorado, manchmal auch Maduro. Die hübsche gold-braune Bauchbinde und die geäderten Deckblätter geben der Zigarre einen besonderen Auftritt.

### Anfühlung
Kompakt und nicht zu massig mit einer delikat sanften Oberfläche, guter Steifheit und Geschmeidigkeit zugleich.

### Duft
Die subtilen grünen Nuancen und der Duft feuchter Erde am Fuß weichen rustikalen, fleischigen Erdaromen mit pflanzlichen, aber nicht floralen Noten.

### Geschmack
Dies ist das stärkste Modell der neuen Marke. Der traditionelle Geschmack dominiert von Anfang an und mag für den Anfänger zu viel sein. Er ist reich, schwer, stark und würzig. Nach einigen Jahren der Reife wird sich mehr Rund- und Sanftheit entwickeln.

### Genuss
Der Liebhaber starker Gefühle kommt bei dieser üppigen Zigarre direkt auf den vollen Geschmack. Perfekt nach einem Wildgericht zu einem alten Armagnac.

**Gesamtbewertung**
Stärke: 9 – Gleichmäßigkeit: 7 – Charakter: 6,5.

Campana – Kuba

# BOLÍVAR BELICOSOS FINOS

Länge:         140 mm (5 ½ in)
Ringmaß:       52 (20,64 mm)
Körper:        Rund
Aufmachung:    Kabinett mit 25 Stück oder
               traditionelle Kiste mit 25 Stück

### Aussehen
Die Kabinett-Selection ist ein Bündel »Schokoladenstäbchen« von seltener Harmonie, deren Farbpalette von hellem Ocker zu dunklem Braun reicht, dazwischen auch Nuancen von Gold und sogar Grün.

### Anfühlung
Dick und weich mit einnehmender Geschmeidigkeit. Das perfekte Verhältnis von Länge und Stärke machen die Belicosos Finos zu einem Handschmeichler.

### Duft
Ein volles, reichhaltiges Bukett aus Holz- und Gewürznoten.

### Geschmack
Im Stil einer Torpedo beginnt die Zigarre mit einem eher sanften Auftakt, der sich mit stärkeren, wunderbar runden würzigen Aromen anreichert. Der konische Kopf verleiht dem potenten Finale einen langen Abgang.

### Genuss
Dieser Torpedo fehlt der momentane Charakter und die schnelle Entwicklung des Robusto-Modells, bietet dafür aber besten Auftritt, mehr Komplexität und einen starken Abgang. Alkohol gibt ihr nichts Zusätzliches. Sie ist eine Klasse für sich.

### Gesamtbewertung
Stärke: 7,5 – Gleichmäßigkeit: 9 – Charakter: 8.

• *In der gleichen Familie: die* **Sancho Panza Belicosos**, *allerdings floraler und stärker.*

Campana – Kuba

# ROMEO Y JULIETA BELICOSOS

Länge:          140 mm (5 ½ in.)
Ringmaß:        52 (20,64 mm)
Körper          Rund
Aufmachung:     Traditionelle Kiste mit 25 Stück

### Aussehen
Die herausragend homogenen, kaum geäderten Deckblätter geben dieser Campana ein königliches Aussehen. Dunkle Töne und eine perfekte Textur, sehr fett, aber nicht übertrieben.

### Anfühlung
Rundlich elegant mit einem Zwergenkopf. Wenn sie nicht zu eng gerollt wurde, liegt sie geschmeidig und weich in der Hand.

### Duft
Das weit gefächerte Bukett am Fuß geht in das weiche Lederaroma des Körpers über. Vollendet mild, nie übertrieben.

### Geschmack
Vom ersten Zug ein würziges Holzaroma mit üppigem Volumen, die Art von Zigarre, die den Wunsch nach mehr weckt. Wenn sie korrekt gefertigt wurde, brennt sie perfekt, was durch den feinen Torpedo-Kopf verstärkt wird.

### Genuss
Wenn sie nur ein wenig länger wäre! Ihr Wohlgeschmack verlangt nach mehr. Passt gut zu Fisch und einem fruchtigen Weißwein an einem Sommerabend am Wasser.

Gesamtbewertung
Stärke: 7 – Gleichmäßigkeit: 8 – Charakter: 9.

Figuardo – Dominikanische Republik

## ARTURO FUENTE HEMINGWAY RESERVA ESPECIAL SIGNATURE

| | |
|---|---|
| Länge: | 152 mm (6 in.) |
| Ringmaß: | 48 (19 mm) |
| Körper: | Rund |
| Aufmachung: | Halblackierte Kiste mit 25 Stück, einzeln in Zellophan verpackt |

### Aussehen
Mit der rot-goldenen Bauchbinde, dem schwarz-goldenen Ring und den dunkelbraunen Deckblättern von bemerkenswerter Präzision mangelt es dieser Zigarre nicht an Adel.

### Anfühlung
Außen geschmeidig, innen leicht starr, liegt sie gut in der Hand. Die Textur ist glatt, eher seidig als fett. Das sehr gleichmäßige Deckblatt ist feinkörnig.

### Duft
Deutlich floral und rund, typisch für die Marke. Das weiche Aroma verschwimmt in einem leicht dunstigen Finale.

### Geschmack
Erfrischend geradeaus. Anfänglich ein wenig trocken, entwickelt dann aber ein runderes, holziges Aroma mit einer diskreten Reichhaltigkeit im letzten Drittel. Der ausgezeichnete Brand liefert Fülle ohne Überhitzung.

### Genuss
Diese Hemingway Reserva ist ein bemerkenswertes Beispiel einer neuen Generation von sanften, leichten Zigarren, gut geeignet als erste Morgenzigarre oder auch sonst am Tage, wenn die Zeit da ist.

#### Gesamtbewertung
Stärke: 6,5 – Gleichmäßigkeit: 8,5 – Charakter: 7,5.

Figuardo – Dominikanische Republik

## SANTA DAMIANA TORPEDO

Länge:         159 mm (6 ¼ in.)
Ringmaß:       48 (19 mm)
Körper:        Rund
Aufmachung:    Traditionelle Kiste mit 25 Stück

### Aussehen
Perfekt symmetrisch mit einem etwas verlängerten Kopf. Die hellgoldene Farbe setzt sich von der dominant blauen Bauchbinde ab.

### Anfühlung
Eher fest und glatt als fett. Gibt ein gutes Gefühl in der Hand. Besonders geschmeidig am perfekt runden Fuß.

### Duft
Vorzugsweise vegetarisch am Fuß, honigartig und rund am Körper. Der Duft ist ätherisch und flüchtig mit einer nachklingenden Frische, die für dieses Format ungewöhnlich ist.

### Geschmack
Süß und sanft mit einem Hauch von Trockenheit, die sich zu einer reichen Eleganz ohne jede Aggressivität öffnet. Im letzten Drittel bekommt das Aroma eine exotisch strenge Kopfnote.

### Genuss
Diese Torpedo ist eine gute Einführung für Novizen bei diesem Format und ein guter Tagesbegleiter für den Kenner. Nie langweilig, perfekt an einem Sommerabend.

**Gesamtbewertung**
Stärke: 7 – Gleichmäßigkeit: 7,5 – Charakter: 7,5.

• Ähnliches Aroma in der gleichen Familie hat die **Vega Fina Piramide**.

Exquisito – Kuba

# CUABA EXCLUSIVOS

Länge: 145 mm (5 ¾ in.)
Ringmaß: 45 (17,82 mm)
Körper: Rund
Aufmachung: Traditionelle Kiste mit 25 Stück

### Aussehen
Auf den ersten Blick die Erinnerung an eine altmodische holländische Zigarre aus dem 19. Jahrhundert (mit komischem Kopf und Fuß), aber das Gold der Bauchbinde und vor allem der Tabak zeigen den zeitgenössischen Geist.

### Anfühlung
Konsistent, am Kopf fester als am Fuß. Nicht nur wegen ihrer Dichte insgesamt fest.

### Duft
Frisch und floral mit einer trockenen Note und ohne große Fantasie. Der Körper wird von leicht scharfen Tönen nach Farn und grünem Pfeffer dominiert.

### Geschmack
Eine einzigartige Frische zwischen trocken und leicht betont das waldartige Aroma dieser Zigarre am prononciertesten innerhalb dieses Sortiments. Der auf Grund der Architektur langsame Beginn entwickelt einen ruhigen, gleichmäßigen Brand, ein überzeugendes Angebot für Anfänger.

### Genuss
Die geschickte Mischung sinnlicher und ästhetischer Eleganz, der man sich kaum entziehen kann, macht diese seltene Cuaba zu einer feinen Komplettierung der großen Auswahl kubanischer Zigarren.

#### Gesamtbewertung
Stärke: 6 – Gleichmäßigkeit: 7 – Charakter: 6,5.

• In der gleichen Familie ist die **Partagás Presidentes** stärker, länger und ein wenig dicker.

*Gran Corona – Kuba*

## HOYO DE MONTERREY
## PARTICULARES LIMITIERTE SERIE

Länge: 235 mm (9 ¼ in.)
Ringmaß: 47 (18,65 mm)
Körper: Rund
Aufmachung: Traditionelle Kiste mit 5 Stück in Einzelkästen

### Aussehen
Die elegante Schönheit kräftiger Maduro-Töne betont die imposante Länge.

### Anfühlung
Voll und seidig, konsistent und widerstandsfähig. Die Solidität geht nur einen kleinen Kompromiss mit der Geschmeidigkeit ein.

### Duft
Die diskrete Milde des Anfangs weicht potenter Reichhaltigkeit und endet in floralen, waldartigen Noten.

### Geschmack
Wie andere Zigarren dieser Länge schmeckt die Particulares Limitierte Serie anfangs zart süß und grasig. Nach dem ersten Drittel setzt sich ein kaum vegetarischer, waldartiger Ton mit Gewürznoten durch, der dem Rauchgenuss Tiefe gibt.

### Genuss
Die erforderliche Zeit für diese kompakte Zigarre mag den Neuling zurückhaltend machen. Sie ist für das Format jedoch gut zu handhaben. Am besten nach einem Dinner oder im Winter nach einer kleinen Mahlzeit.

### Gesamtbewertung
Stärke: 8 – Gleichmäßigkeit: 7 – Charakter: 7.

• *In der gleichen Familie ist die* **Sancho Panza Sanchos** *milder und leichter auf der Zunge und weniger intensiv.*

Gran Corona – Kuba

# MONTECRISTO »A«

Länge:         235 mm (9 ¼ in.)
Ringmaß:       47 (18,65 mm)
Körper:        Rund
Aufmachung:    Halblackierte Kiste mit 25 Stück

### Aussehen
»A« steht für »Art«, die Kunst des Zigarrenhandwerks. Ob blond, braun oder dunkelbraun – diese fantastische Especial hat beste, meisterlich verarbeitete Deckblätter. Jede ist ein Juwel in ihrer lackierten Kiste.

### Anfühlung
Seidig und glatt, aber nie weich. Von Kopf bis Fuß durchgehende Geschmeidigkeit.

### Duft
Das wohlriechende Bukett wird in einer Mischung aus Diskretion und Präsenz von dezenten waldartigen Noten durchsetzt.

### Geschmack
Nach dem kaum wahrnehmbaren ersten Zug sind die verschiedenen Phasen klar unterscheidbar. Anfänglich vegetarische Aromen verwandeln sich in stark waldige, honig- und lederartige und schließlich pfefferige Geschmäcker mit einem ausgeprägt würzigen und doch eleganten Finale. Die Übergänge sind seidenweich.

### Genuss
Dieser Zigarrenmythos hat wegen seines Formats gelegentlich keine so große Wertschätzung genossen. Montecristo bleibt eine Institution für den lang anhaltenden Genuss nach einem Dinner. Wenig trainierte Gaumen neigen dazu, besonders im Zusammenhang mit Alkohol, von der Montecristo »A« überwältigt zu werden. Sie reift vorzüglich und gewinnt dabei an Rundheit und Milde, bewahrt dabei zugleich die waldartige Note über einem Madera-Grundton – typisch für ein Spitzenprodukt.

### Gesamtbewertung
Stärke: 8 – Gleichmäßigkeit: 9 – Charakter: 9,5.

Prominente – Kuba

# HOYO DE MONTERREY DOUBLE CORONAS

Länge: 194 mm (7 ⅝ in.)
Ringmaß: 49 (19,45 mm)
Körper: Rund
Aufmachung: Kabinett mit 50 Stück, traditionelle Kiste mit 25 Stück

### Aussehen
Die Kabinett-Selection mit ihren 50 Stück ist ein wahres Wunderwerk. Die außergewöhnlich eleganten und gleichmäßigen goldenen Deckblätter umschließen einen fleischigen und seidigen Tabak.

### Anfühlung
Diese üppige Zigarre fühlt sich mit ihrer samtigen Textur wie Seide an. Wenn sie im Bestzustand ist, vermittelt leichter Druck ein Gefühl von Durchlässigkeit.

### Duft
Das unvergleichliche Aroma ist mild und rund mit seidigen Ingwernoten. Zu Beginn zart, entfaltet sich der volle Duft zu präsenten milden Gewürztönen.

### Geschmack
Man befindet sich im Herz der Havannas. Nach einem zurückhaltenden Beginn erblüht ein floraler, leicht waldartiger und nie zu schwerer Geschmack. Rundheit und Fülle sind die Säulen, die diese verehrungswürdige Zigarre tragen.

### Genuss
Die Architektur ist von seltener Reinheit und passt perfekt zu Fisch und einem großen weißen Burgunder.

**Gesamtbewertung**
Stärke: 7 – Gleichmäßigkeit: 9 – Charakter: 9,5.

Prominente – Kuba

# PARTAGÁS LUSITANIAS

Länge: 194 mm (7 ⅝ in.)
Ringmaß: 49 (19,45 mm)
Körper: Rund
Aufmachung: Kabinett mit 50 Stück,
traditionelle Kiste mit 25 Stück

### Aussehen
Die Farbpalette reicht von hellem Gold zu glänzendem Braun und strahlt von Kopf bis Fuß ästhetische Perfektion aus.

### Anfühlung
Luxuriöse samtige Deckblätter umhüllen einen spektakulär seidig vollen Tabak. Ein Körper zum Hinschauen, geschmeidig und stramm zugleich.

### Duft
Eine superbe Palette fetter und kräftiger waldartiger Aromen mit nachhaltigem Lederton. Zu Beginn etwas vegetarisch, am Ende würziger. Mit der Reife dezenter und manchmal einem Hauch von Zimt.

### Geschmack
Junge Lusitanias sind mit kräftigen Wald- und Gewürzaromen etwas durchdringend. Die Palette dehnt sich aber zu schwereren vegetarischen Aromen aus, ohne die Würzigkeit zu verlieren. Das Finale ist wie das Crescendo eines Feuerwerks.

### Genuss
Vor dreißig Jahren noch völlig unbekannt, sind die Lusitanias heute ein Muss bei diesem Format. Diese eklektische Zigarre passt zum frugalen wie zum Gourmetmahl und gehört in den Sommer von Mai bis Oktober.

Gesamtbewertung
Stärke: 9,5 – Gleichmäßigkeit: 9 – Charakter: 9,5.

Prominente – Kuba

## PUNCH DOUBLE CORONAS

Länge:         194 mm (7 ⅝ in.)
Ringmaß:       49 (19,45 mm)
Körper:        Rund
Aufmachung:    Kabinett mit 50 Stück,
               traditionelle Kiste mit 25 Stück

**Aussehen**
Atemberaubend. Diese superbe Zigarre ist hinsichtlich ihrer Kraft, Fülle und Eleganz der Stand der Kunst und verkörpert eine außergewöhnliche Vitalität.

**Anfühlung**
Schwer, kompakt, stark und doch delikat mit einer sehr maskulinen Seidigkeit. Manchmal ein wenig fett.

**Duft**
Ein Duft fürs Leben, der nie enden sollte. Er ist reichhaltig und komplex mit waldartigen und erdigen Noten; ein ganzer Wald mit Pfaden durch die Region seiner Düfte.

**Geschmack**
Vom ersten Zug an volle Kraft. Das aromatische Register steigert sich von waldig mild zu einer veritablen Apotheose, die einen Hauch von Salz auf den Lippen hinterlässt.

**Genuss**
Eigentlich nur für die großen Momente im Leben, aber mit Hingabe an die Kultur des Rauchens. Natürlich perfekt nach einem exquisiten Mahl und vielleicht ein wenig zu viel für den Anfänger. Die Zigarre reift exzellent.

**Gesamtbewertung**
Stärke: 8,5 – Gleichmäßigkeit: 8 – Charakter: 9.

• In der gleichen Familie ist die **Saint Luis Rey Prominente** ein Wunder der Zigarrenwelt, aber schwer zu bekommen.

Prominente – Kuba

# RAMÓN ALLONES GIGANTES

Länge: 194 mm (7 ⅝ in.)
Ringmaß: 49 (19,45 mm)
Körper: Rund
Aufmachung: Traditionelle Kiste mit 25 Stück

### Aussehen
Üblicherweise in tiefem und kräftigem Maduro. Die rot-goldene Bauchbinde hebt den gefällig runden Kopf hervor.

### Anfühlung
Äußerst seidig, fest und dicht, aber auch mit Geschmeidigkeit, die zu große Härte verhindert.

### Duft
Wenn sie zu jung geraucht wird, hat der Duft etwas von neuem Leder sowie von frisch geschnittenen Blumen und drängt jeden Hauch von Tabak stark in den Hintergrund. In ihrer Reife durchmisst die Gigantes die Höhen der Sinnlichkeit und lässt ein magisches Madera-Bukett spüren.

### Geschmack
Alles passiert im zweiten Akt: Volle, fette Aromen kreisen um würzige Zentraltöne und enden in einer Symphonie brillant verdichteter Freigiebigkeit.

### Genuss
Als eine der bekanntesten Double Coronas ist die Gigantes ein ungehobener Schatz. Die Stückzahl ist sehr gering und für Kenner reserviert, die auf sie schwören. Nach dem Essen perfekt zu einem alten Pflaumenschnaps.

Gesamtbewertung
Stärke: 9 – Gleichmäßigkeit: 9 – Charakter: 10.

Prominente – Kuba

## ROMEO Y JULIETA EXHIBICIÓN N° 2
## LIMITIERTE SERIE

Länge: 194 mm (7 ⅝ in.)
Ringmaß: 49 (19,45 mm)
Körper: Rund
Aufmachung: Traditionelle Kiste mit 25 Stück

### Aussehen
Ein kunstvolles Stück Zigarren-Architektur. Die Maduro-Deckblätter dieser Double Corona betonen das männliche Image einer »dicken Zigarre« in ihrem ganzen Reichtum. Für einige ein bisschen viel.

### Anfühlung
Fast zum Platzen fleischig ist der mächtige Körper und kann auch als fett bezeichnet werden. Er ist konsistent fest und geschmeidig von Kopf bis Fuß.

### Duft
Rund, mit der Frische des Waldes und den intensiven Düften einer markanten Persönlichkeit. Die zweite Hälfte zieht alle schweren Register, die ein Spitzenprodukt auszeichnen.

### Geschmack
Durch ihr junges Alter (2000/01) hat die Exhibición N° 2 anfangs etwas von Seetang und gelangt schnell zu stärkeren, würzigen Aromen. Das mächtige Finale kann etwas zu viel sein. Ausreichend gereift hat sie die Ausgewogenheit des Alters, betont durch einen Hauch von Madera.

### Genuss
Diese einzigartige Zigarre ist ein Sammlerstück und dürfte ihren Höhepunkt erst in wenigen Jahren erreichen. Ihr können nur allerbeste Speisen vorausgehen, dazu vielleicht ein tanninhaltiger Cabernet Sauvignon.

**Gesamtbewertung**
Stärke: 9,5 – Gleichmäßigkeit: 8,5 – Charakter: 9,5.

Prominente – Kuba

# VEGAS ROBAINA DON ALEJANDRO

Länge: 194 mm (7 ⅝ in.)
Ringmaß: 49 (19,45 mm)
Körper: Quadratisch
Aufmachung: Traditionelle Kiste mit 25 Stück

### Aussehen
In die teuersten Deckblätter, zumeist in Colorado, eingehüllt und mit einer eleganten gold-braunen Bauchbinde geziert, ist diese Double Corona ebenso imposant wie viel versprechend.

### Anfühlung
Der geschmeidige Körper ist leicht fett und kann einen Film auf den Fingern hinterlassen. Die quadratische Form betont das Gefühl der Gleichförmigkeit.

### Duft
Das üppige Bukett ist am Fuß grüner und lederiger am Körper. Das lang anhaltende Finale hat wieder einen vegetarischen Hauch.

### Geschmack
Das herbe Aroma der Jugend hat einige potenzielle Bewunderer abgeschreckt. Mit der Zeit gewinnt die Don Alejandro an Rundheit. Die Aggressivität mildert sich zu tiefen Aromen, die sich einen gewinnenden Hauch von Frische erhalten. Waldige Kopfnoten und zum Schluss ein Schuss Tannin runden den Genuss ab.

### Genuss
Mit ihrem herausragenden Stil und Geschmack ist die Don Alejandro nicht nur für Vegas Robaina eine Zierde, sondern für das Double Corona-Format insgesamt. Besonders empfehlenswert ist sie bei kühlerem Wetter zu einem guten Burgunder.

**Gesamtbewertung**
Stärke: 9 – Gleichmäßigkeit: 9 – Charakter: 9.

Julieta – Kuba

## BOLÍVAR CORONAS GIGANTES
## CABINET SELECTION

Länge: 178 mm (7 in.)
Ringmaß: 47 (18,65 mm)
Körper: Rund
Aufmachung: Kabinett mit 50 Stück,
traditionelle Kiste mit 25 Stück

### Aussehen
Die perfekte Erscheinung dieser Zigarre lässt sie auch unter den großen Churchills herausragen. Die Farbe reicht von hell- bis dunkelbraun; der stolze Körper besitzt einen fachmännisch runden Kopf.

### Anfühlung
Dieses verführerische Schwergewicht ist in glatte, seidige und saftige Deckblätter gekleidet. Die Zigarre ist geschmeidig als auch dicht und sollte von Feuchtigkeit ferngehalten werden. Ein konsistenter, persönlicher Stil.

### Duft
Das üppige Bukett erdiger und waldiger Noten ist nie zu würzig. Die Stärke dieser Bolívar ist beispielhaft für die Marke. Angemessene Reife entfaltet die volle, nachhaltige Kraft.

### Geschmack
Ab dem zweiten Drittel reichhaltig und intensiv, macht diese konsistente Zigarre ihre Geschmacksentwicklung dem aufgeschlossenen Raucher sehr transparent. Besonders empfehlenswert nach einem Fischgericht zu schwerem Weißwein.

### Genuss
Diese diskrete Zigarre war lange nur schwer erhältlich. Eine exzellente Jahrgangszigarre, die durch ihre Konsistenz überzeugt. Die Cabinet Selection mit 50 Stück hat ein schöneres Bukett als die traditionelle Kiste.

**Gesamtbewertung**
Stärke: 8 – Gleichmäßigkeit: 7,5 – Charakter: 8,5.

• In der gleichen Familie ist die **Sancho Panza Coronas Gigantes** erdiger und milder.

Julieta – Kuba

# LA GLORIA CUBANA TAÍNOS

Länge:         178 mm (7 in.)
Ringmaß:    47 (18,65 mm)
Körper:        Rund
Aufmachung: Traditionelle Kiste mit 10 Stück

### Aussehen
Ein Kunstwerk in der Schachtel: Zehn Zigarren in einem intensiven Braun mit Goldring und einem aromatischen Versprechen.

### Anfühlung
Dick, geschmeidig und stramm. Die Taínos sind manchmal am Kopf ein wenig dicht, aber der Körper ist sehr gleichmäßig. Wie alle großen Modelle am Fuß ein wenig fragil, aber insgesamt gut gebaut, solide und beeindruckend.

### Duft
Das diskrete, subtile Aroma fettigen Leders. Die Gewürznoten am Fuß verhelfen dem waldigen Amber-Charakter des klassischen Duftes zum Leben.

### Geschmack
Voll und kräftig. Das Aroma ist intensiv, rund und raumgreifend mit nachhaltigem Wald- und Gewürzgeschmack auf der Zunge. Für dieses Format ist der Gesamteindruck außerordentlich harmonisch.

### Genuss
Diese wirklich großartige Zigarre ist in ihrer Reife besonders gut. Ihr einziger Fehler ist zugleich ihre Stärke: das Ungewöhnliche. Ihre Komplexität und Konsistenz macht sie für Kenner zu einem seltenen Genuss nach dem Dinner und mit einem tanninhaltigen Bordeaux zum unvergesslichen Erlebnis.

#### Gesamtbewertung
Stärke: 8,5 – Gleichmäßigkeit: 8 – Charakter: 8,5.

• *In der gleichen Familie ist die **Partagás Churchills de Luxe** äußerlich weniger elegant und würziger im Aroma.*

Julieta – Kuba

# H. UPMANN SIR WINSTON

Länge:           178 mm (7 in.)
Ringmaß:         47 (18,65 mm)
Körper:          Rund
Aufmachung:      Halblackierte Kiste mit 25 Stück

### Aussehen
Die frühere dunkelgrüne Kiste ließ einen sofort an Edelsteine denken. Die neue halblackierte Kiste ist ebenso elegant. Diese majestätischen Churchills reichen in der Farbe von honigblass bis zu schwarzer Schokolade. Darunter gibt es auch einen kostbaren, einzigartigen Marduro-Ton.

### Anfühlung
Sie wird nur mit den allerfeinsten Deckblättern gemacht und fühlt sich sowohl rau als auch glatt an mit einer darunter liegenden Seidigkeit.

### Duft
Die jungen Sir Winstons duften waldig und grün. Mit dem Alter gewinnen sie Tiefe und Fülle. Die Kopfnote nach dunklem Kakao kommt gut durch und ist rund und beeindruckend.

### Geschmack
Einwandfrei kräftig und elegant. Diese großartige Churchill entfaltet ihr würziges, starkes Aroma und steht für den Kenner des Formats außer jeder Frage.

### Genuss
Gemacht für besondere Gelegenheiten. Dieser unschlagbare Star zieht jeden in seinen Bann, und die gelegentlichen kleinen Unebenheiten werden von der überragenden Gesamtqualität mehr als wett gemacht.

### Gesamtbewertung
Stärke: 9 – Gleichmäßigkeit: 7,5 – Charakter: 8,5.

• *Die* **Cohiba Espléndidos** *aus der gleichen Familie verbindet Klasse mit Anspruch.*

Julieta – Kuba

# PUNCH CHURCHILLS

Länge:         178 mm (7 in.)
Ringmaß:    47 (18,65 mm)
Körper:        Rund
Aufmachung: Kabinett mit 50 Stück,
                      traditionelle Kiste mit 25 Stück

### Aussehen
Die Punch Churchills ist weniger elegant, aber üppiger als die Double Corona der gleichen Marke und von eigener Rasse. Das halbe Rad zeigt perfekt geformte Köpfe. Die Farbpalette tendiert zu dunkelbraun mit gelegentlich schönem Claro.

### Anfühlung
Wie bei Punch üblich, siegt fettige Reichhaltigkeit und samtige Textur über Seidigkeit. Eher fest, aber nicht ohne jede Geschmeidigkeit.

### Duft
Zu Beginn sehr vegetarisch. Dann entfaltet das Aroma schnell erdige Noten nach nassem Heu und frisch gepflügten Feldern, die einen nicht unberührt lassen. Der Körper verströmt die Wärme feuchten Leders mit einem Hauch von Gewürzen darunter.

### Geschmack
Die junge Punch Churchills ist erdig, gerbsäurehaltig und dick, aber nicht trocken oder flach. Mit dem Alter wird das Aroma fein waldartig mit einem Schuss Pfeffer. Die Rundheit dieser Jahrgangszigarre zieht perfekt alle Register.

### Genuss
Die Reichhaltigkeit macht diese Zigarre ideal nach dem Dinner. Passt gut zu einem feinen Rum. Erdigkeit ergänzt Waldigkeit.

**Gesamtbewertung**
Stärke: 9,5 – Gleichmäßigkeit: 8 – Charakter: 9.

• *In der gleichen Familie ist die **Romeo y Julieta Pince of Wales** ein wenig erdiger und mehr vegetarisch.*

Julieta – Kuba

## QUAI D'ORSAY IMPERIALES

Länge: 178 mm (7 in.)
Ringmaß: 47 (18,65 mm)
Körper: Rund
Aufmachung: Unlackierte Kiste mit 25 Stück

### Aussehen
In ihrer Natur belassenen Kiste machen diese goldbraunen Runden – fast nie im Maduro-Ton – einen zweifelsfrei edlen Eindruck.

### Anfühlung
Samtig, dick und geschmeidig und besonders am Kopf gut gerollt, der im Vergleich zum Körper leicht kompakt wirkt. Diese gut gebaute Julieta ist ein Handschmeichler.

### Duft
Floral, delikat und üppig am Fuß, am Körper ein Hauch von trockenem Leder. Das insgesamt leichte Aroma macht eine charmante Zigarre mit Rasse aus.

### Geschmack
Nach einem milden, trockenen, schokoladenartigen Beginn entfalten sich üppigere florale Aromen. Die mitschwingenden Noten von Moschus und Gewürzen verdrängen die trockene Basis nicht. Der gute Brand trägt zur Ausgewogenheit bei, ohne dass es langweilig wird.

### Genuss
Nachdem sie lange in der zweiten Reihe stand, hat diese milde, frische Churchill ihre Liebhaber unter den Anhängern der großen, leichten und aromatischen Formate gefunden. Besonders angenehm im Sommer nach einem leichten Fisch.

### Gesamtbewertung
Stärke: 6,5 – Gleichmäßigkeit: 8,5 – Charakter: 7,5.

• *Die* **Sancho Panza Coronas Gigantes** *aus der gleichen Familie ist mehr vegetarisch und weniger aromatisch.*

Julieta – Kuba

# EL REY DEL MUNDO TAÍNOS

Länge: 178 mm (7 in.)
Ringmaß: 47 (18,65 mm)
Körper: Rund
Aufmachung: Unlackierte Kiste mit 25 Stück

### Aussehen
Die feinen, seidigen Deckblätter dieser schönen Churchill zeigen die Farbpalette von hell bis dunkel. Die Anhänger der Marke bevorzugen Claro, aber auch Maduro-Colorado steht ihr sehr gut.

### Anfühlung
Gleichzeitig geschmeidig und fest mit sehr gleichmäßiger Konsistenz. Die Zigarre fühlt sich elegant an.

### Duft
Der Duft beginnt subtil und entfaltet sich über waldige, fast trockene Noten zum leichten, frischen und runden Aroma neuen Leders.

### Geschmack
Diese gut gebaute Churchill beginnt langsam eine milde aromatische Reise. Am Anfang geht es eher waldartig zu, während die schwereren Noten im Mittelstück sie zu den Großen ihrer Zunft machen.

### Genuss
Bei ihrem Ruf als die leichteste der kubanischen Julietas wird die El Rey del Mundo Taínos häufig von den Stars des Formats in den Schatten gestellt. Sie verdient jedoch einen Ehrenplatz in dieser Gesellschaft und ist perfekt nach einem Lunch oder zu extra trockenem Champagner, dessen Frische durch das waldige Aroma hervorragend ergänzt wird.

**Gesamtbewertung**
Stärke: 5 – Gleichmäßigkeit: 7 – Charakter: 7.

• In der gleichen Familie ist die **Hoyo de Monterrey Churchills** konsistenter, aber mild.

Julieta – Kuba

## ROMEO Y JULIETA CHURCHILLS

Länge:         178 mm (7 in.)
Ringmaß:       47 (18,65 mm)
Körper:        Quadratisch
Aufmachung:    Traditionelle Kiste mit 25 Stück
               mit oder ohne Aluminium-Tuben

### Aussehen
Die traditionell quadratische Kiste (ohne Tuben) enthält eine breite Farbpalette, wobei dunkles Maduro vorherrscht. Trotz der adrigen Deckblätter eine schöne Gleichmäßigkeit.

### Anfühlung
Schwankungen in der Produktion liefern alles zwischen weich und zu fest gerollt. Liegt sie idealerweise dazwischen, ist diese Churchill eher geschmeidig als weich und hat feine ölige Deckblätter. Der Kopf ist rund, der Körper liegt gefällig in der Hand.

### Duft
Nach einem sehr floralen Beginn übernimmt ein Duft von Pferdestall und Leder das Kommando. Eine eher grüne Grundnote zeigt eine Zigarre mit viel Substanz.

### Geschmack
Bei allem Lamento über die wechselnde Verarbeitungsqualität verbreitet diese mythische Zigarre ein feines, würziges Arom auf der Zunge, wenn sie geglückt ist. Sie ist rustikal, nicht rund, aber reichhaltig und stark im letzten Drittel. Das Finale bietet die volle Kraft. Der Brand ist gleichmäßig und leicht.

### Genuss
Perfekt nach einen winterlichen Dinner zu einem alten Armagnac, der die Dimension erweitert.

Gesamtbewertung
Stärke: 9 – Gleichmäßigkeit: 6 – Charakter: 6,5.

Julieta – Kuba

# SAINT LUIS REY CHURCHILLS

Länge: 178 mm (7 in.)
Ringmaß: 47 (18,65 mm)
Körper: Rund
Aufmachung: Kabinett mit 50 Stück,
traditionelle Kiste mit 25 Stück

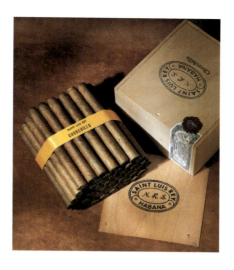

### Aussehen
Diese stilvolle Zigarre mit ihren goldenen, nie dunkleren Tönen als Colorado, ist ein Wunder gleichmäßiger Struktur.

### Anfühlung
Geschmeidig und samtig, eher seidig als fett, ist diese Zigarre von Kopf bis Fuß sehr konsistent und homogen. Ausbalanciert, wie sie sich darstellt, gibt sie in der Hand ein gutes Gefühl.

### Duft
Das volle Bukett ist sofort da. Es hat waldige, leicht würzige Aromen mit Kakao im Hintergrund, ist ganz abgerundet und reichhaltig erdig im Mittelstück. Präzision vermischt sich hier mit Adel.

### Geschmack
Ein hervorragender Brand setzt die cremigen Aromen frei, die mit Ende des ersten Drittels noch stärker werden. Die Note ist exotisch sowie würzig und hat einen Hauch Trockenheit.

### Genuss
Die Kabinett-Selection von 50 Stück ermöglicht dieser feinen Mischung perfektes Reifen hin zu waldartigen und Honignoten. Ideal für den langsamen Genuss nach französischer, italienischer oder auch asiatischer Küche.

**Gesamtbewertung**
Stärke: 8 – Gleichmäßigkeit: 8 – Charakter: 9

• *Aus der gleichen Familie ist die **H. Upmann Monarcas** gut gebaut mit erdigeren Aromen.*

Julieta – Kuba

## SAN CRISTÓBAL DE LA HABANA
## EL MORRO

Länge: 178 mm (7 in.)
Ringmaß: 47 (18,65 mm)
Körper: Quadratisch
Aufmachung: Traditionelle Kiste mit 25 Stück

### Aussehen
Diese Zigarren sind mit ihren glänzenden Colorado-Farben so verführerisch wie die Milchschokolade, nach der sie aussehen.

### Anfühlung
Die El Morro fühlt sich reich, dick und edel an, hat aber eine leichte Tendenz zur Fülle. Eine üppig ausgelegte Zigarre.

### Duft
Der volle Körper versteckt sich anfangs hinter einer bescheidenen Fassade. Leicht würzige und erdige Töne entfalten sich um einen Kernduft nach feuchtem Waldboden. Dieses vollständig feuchte Aroma ist auch für den langsamen Beginn verantwortlich.

### Geschmack
Am Fuß ist er ein wenig zurückhaltend und leicht, im zweiten Drittel voll und rund bis fast zum Schweren. Das reife, erdige und ein bisschen pfefferige Aroma ergibt ein kraftvolles Finale.

### Genuss
Die junge, erst 1999 gegründete Marke muss sich noch vorbehaltlose Anerkennung erwerben. Es ist immer sinnvoll, eine neue Kollektion zu entdecken, besonders wenn sie so vielfältig ist. Wenn sie ausgereift ist, dürfte die El Morro mit ihrem reichen, komplexen Aroma ihre Liebhaber finden, insbesondere zu einer kräftigen Mahlzeit und einem ebensolchen Burgunder.

**Gesamtbewertung**
Stärke: 7 – Gleichmäßigkeit: 8 – Charakter: 8,5.

Churchill – Dominikanische Republik

# MONTECRISTO CORONAS GRANDES

Länge: 146 mm (5 ¾ in.)
Ringmaß: 48 (19 mm)
Körper: Rund
Aufmachung: Traditionelle Kiste mit 25 Stück, einzeln in Zellophanhülle

### Aussehen
Die Farbpalette dieser schönen Zigarre reicht von goldgelb bis zu einem hellen Braun. Die dunkelbraune Bauchbinde markiert den Unterschied zur kubanischen Montecristo. Der perfekt runde Körper verleiht ihr Eleganz.

### Anfühlung
Wirkt unmittelbar geschmeidig und fest, fasst sich sehr angenehm an.

### Duft
Vegetarisch und waldig am Fuß und feucht-ledrig am Körper. Zu diesen kurzlebigen Aromen kommt ein für diese Art von Mischung typischer Hauch von Grün.

### Geschmack
Einer erstaunlichen Frische folgt eine wundervolle Milde. Die fülligen Noten fehlen fast ganz, stattdessen ein angenehm rundes waldiges Aroma. Zu schnelles Rauchen führt leicht zu Überhitzung.

### Genuss
Für Anfänger in diesem Format bestens geeignet. Vor einem Essen zum Appetizer ruiniert sie weder den Geschmack noch den Appetit. Sie zieht gleichmäßig und langsam. Diese Coronas Grandes sind nur in den Vereinigten Staaten und der Dominikanischen Republik erhältlich.

**Gesamtbewertung**
Stärke: 6,5 – Gleichmäßigkeit: 9 – Charakter: 8,5.

Corona Gorda – Kuba

# COHIBA SIGLO IV

Länge: 143 mm (5 ⅝ in.)
Ringmaß: 46 (18,26 mm)
Körper: Rund
Aufmachung: Traditionelle Kiste mit 25 Stück

### Aussehen
Der Körper ist üppig und der Aufbau majestätisch, die Deckblätter sind zumeist goldfarben bis zu dunklem Maduro mit einigen Ausnahmen in Claro oder hellem Colorado. Die Siglo IV hat die seidige Eleganz einer großartigen, außergewöhnlich ausgewogenen Gran Corona.

### Anfühlung
Diese samtige, üppige Zigarre fühlt sich gut an. Wenn man sie zu fest anfasst, ist es schwierig, den Rauch zu ziehen.

### Duft
Am Kopf dominieren würzige und waldige Düfte, am Fuß eher vegetarische, aber immer sehr intensiv.

### Geschmack
Die Reichhaltigkeit und Stärke der Siglo IV ist typisch für Cohiba. Die potenten, cremigen und runden Gewürzaromen bleiben mit außerordentlicher Fülle bis ins letzte Drittel erhalten. Mit ihrem langen Abgang hinterlässt die Zigarre einen nachhaltigen Eindruck auf der Zunge.

### Genuss
Die Konkurrenz bei der Corona Gorda ist groß, aber die Siglo IV steht eindeutig an der Spitze, weil sie etwas Einzigartiges hat. Die Jahrgangszigarre ist etwas für erfahrene Raucher, die die konzentrierte Stärke des letzten Drittels zu schätzen wissen und passt gut zu einem alten Armagnac.

### Gesamtbewertung
Stärke: 8 – Gleichmäßigkeit: 8,5 – Charakter: 9.

• *Die **Bolívar Coronas Extra** aus der gleichen Familie ist weniger raffiniert, aber stärker.*

Corona Gorda – Kuba

## HOYO DE MONTERREY ÉPICURE N° 1

Länge: 143 mm (5 ⅝ in.)
Ringmaß: 46 (18,26 mm)
Körper: Rund
Aufmachung: Kabinett mit 50 oder 25 Stück

### Aussehen
Das halbe Rad hat etwas Besonderes, obwohl es die Épicure auch in der 25-Stück-Kabinett-Version gibt. Das Bündel mit Farben zwischen Gold, Maduro und einigen hellgrünen Varianten spricht für sich.

### Anfühlung
Die perfekte Balance zwischen Durchmesser und Länge betont die gut anzufühlende seidige Rundheit. Ein Modell mit beeindruckender Präsenz.

### Duft
Ihr Duft ist sehr intensiv mit einem prononciert floralen Aroma, das manchmal einen dafür typischen trockenen grünen Hauch hat. Die zweite Welle ist mit reichen Kakao-Noten tiefer.

### Geschmack
In der Tradition der Marke verschwimmen die ersten sehr vegetarischen Züge sanft. Erst im zweiten Drittel beginnt die entfaltete, cremige Fülle mit den waldigen Aromen zu verschmelzen. Das letzte Drittel ist noch ein wenig konzentrierter.

### Genuss
Wie die N° 2 (Robusto), die lange geführt hat, verdient die Épicure N° 1 einen Spitzenplatz. An einem Sommerabend ist sie ideal zu einem fruchtigen Weißwein oder nach dem Lunch und wird nie langweilig.

Gesamtbewertung
Stärke: 6 – Gleichmäßigkeit: 9 – Charakter: 8,5.

• *Die **Punch-Punch de Luxe** aus der gleichen Familie ist ähnlich leicht, aber grasiger und erdiger.*

Corona Gorda – Kuba

# H. UPMANN MAGNUM 46

Länge: 143 mm (5 ⅝ in.)
Ringmaß: 46 (18,26 mm)
Körper: Rund
Aufmachung: Kabinett mit 25 Stück

### Aussehen
Ein Bündel von Gran Coronas in seiner ganzen Herrlichkeit: Sie ist herausragend gearbeitet und deckt die Palette von Claro zu Colorado ab.

### Anfühlung
Die Magnum 46 ist ein festes, doch geschmeidiges Schwergewicht. Besonders fett, seidig, aber nicht samtig, hinterlässt sie auf dem Wachspapier manchmal eine Spur Öl.

### Duft
Dieser Grand Seigneur verbreitet waldige, delikat würzige Düfte, die einen Kern von Kakao mit tiefen Noten nach leicht gegerbtem Leder haben. Das Bukett ist eine unwiderstehliche Versuchung.

### Geschmack
Nach zaghaftem Beginn entwickeln sich waldige Gewürze mit einem exotischen Akzent. Das Finale ist füllig und rund, fast schon schwer. Eine typische H. Upmann.

### Genuss
Ihre Schönheit verdankt sie vor allem ihrer Homogenität und Konsistenz. Dass sie so schwer zu bekommen ist, trägt auch zu ihrem Ruf bei den Aficionados bei. Sie wird wegen ihrer aromatischen Fülle gepriesen. Bestens nach Fisch oder Geflügel.

### Gesamtbewertung
Stärke: 7 – Gleichmäßigkeit: 9 – Charakter: 9,5.

• *Die limitierte Serie der **H. Upmann Super Coronas** aus der gleichen Familie zeichnet sich durch große Regelmäßigkeit und Qualität aus.*

Corona Gorda – Kuba

# JUAN LÓPEZ SELECCIÓN N° 1

Länge: 143 mm (5 ⅝ in.)
Ringmaß: 46 (18,26 mm)
Körper: Rund
Aufmachung: Kabinett mit 25 Stück

### Aussehen
Ein Bündel dieser Zigarren strahlt Reinheit und Integrität aus. Es gibt keine Bauchbinde. Die Deckblätter sind im Allgemeinen Claro oder Colorado-Claro, gelegentlich Maduro. Die runden Köpfe sind sehr konsistent.

### Anfühlung
Eher seidig als ölig, mit einem robusten Gefühl von Geschmeidigkeit und perfekter Porosität. Der runde Kopf und der Fuß sind leicht fest, ohne zu kompakt zu wirken. So klar wie die Textur ist ihr Duft.

### Duft
Am Fuß sind die Düfte direkt, voll, rund und kakaohaltig. Sie entwickeln sich von waldigen Regionen mit einem Leder-Hintergrund zu einem aromatischen Feuerwerk.

### Geschmack
Üppiges Aroma von Beginn an, eine vegetarisch-erdige Mischung. Das letzte Drittel entfaltet waldige Aromen mit einem feucht-würzigen Hauch.

### Genuss
Unzweifelhaft eine der Kronjuwelen der Corona Gorda. Sie langweilt dank ihres wunderbaren Brandes nie, schon eine Ausnahme bei dem Format. Perfekt zu exotischer Küche.

Gesamtbewertung
Stärke: 7,5 – Gleichmäßigkeit: 8,5 – Charakter: 9.

Corona Gorda – Kuba

# PUNCH ROYAL SELECTION N° 11

Länge:          143 mm (5 ⅝ in.)
Ringmaß:        46 (18,26 mm)
Körper:         Rund
Aufmachung:     Kabinett mit 25 Stück

### Aussehen
Die Präsentation ergänzt die feine Machart dieser jungen, eleganten Zigarre. Die Farbpalette reicht von sehr hellem Claro über Grüntöne bis zu dunklem Braun.

### Anfühlung
Geschmeidig und dicht, zugleich mit glatten Deckblättern. Sehr balanciert und perfekt rund, nimmt sich diese Gran Corona gut in die Hand.

### Duft
Das sehr florale, leicht füllige Bukett ist untypisch für eine Punch. Der Duft bekommt durch einen reifen vegetarischen Ton mit einer erdigen Note seine Intensität.

### Geschmack
Sie beginnt blumig rund, honigartig, kongenial und nicht von Gewürzen gestört und ergänzt sich sehr originell mit erdig frischen Noten, die die Fülle ausbalancieren.

### Genuss
Die aromatische Komplexität dieser unzweifelhaft großen Havanna spiegelt die Schlichtheit ihres Aufbaus wider. Ihre Anhänger sehen sie nach so langer Zeit wieder gern auf dem Markt. Man genießt sie nach einem gegrillten Seebarsch zu fruchtigem Weißwein draußen an einem Sommerabend. Unvergesslich.

**Gesamtbewertung**
Stärke: 7 – Gleichmäßigkeit: 9 – Charakter: 9,5.

Corona Gorda – Kuba

# PUNCH BLACK PRINCE

Länge: 143 mm (5 ⅝ in.)
Ringmaß: 46 (18,26 mm)
Körper: Quadratisch
Aufmachung: Traditionelle Kiste mit 25 Stück

### Aussehen
Die Black Prince zeigt dunklere Farben: Brauntöne mit roten Nuancen. Körper, Kopf und Bauchbinde sind unmissverständlich viril.

### Anfühlung
Sie hinterlässt einen Ölfilm auf der Haut, häufig ein Qualitätsmerkmal. Diese Konkurrenz zur Punch-Punch ist geschmeidig und fest. Das Verhältnis von Dicke und Länge stimmt einfach.

### Duft
In der Tradition von Punch ist der Anfang erdig und leicht grün. Das Aroma wird dann würzig und lederig.

### Geschmack
Betörend. Diese wahrlich große Corona zeigt ihre Reichhaltigkeit im ersten Drittel, wobei sich würzige Aromen mit einem trockenen, waldigen Hintergrund mischen. Der Geschmack ist lang anhaltend.

### Genuss
Rustikaler Geschmack und starkes Aroma passen perfekt zu Wild oder stark gewürzten exotischen Gerichten. Für Connaisseure.

**Gesamtbewertung**
Stärke: 9 – Gleichmäßigkeit: 9 – Charakter: 8,5.

• *Die weniger starke **Romeo y Julieta Exhibición N° 3** aus der gleichen Familie ist vegetarischer und weniger stark.*

Corona Gorda – Kuba

# PUNCH SUPER SELECTION N° 2

Länge: 143 mm (5 ⅝ in.)
Ringmaß: 46 (18,26 mm)
Körper: Rund
Aufmachung: Kabinett mit 25 Stück

### Aussehen
Dieses Wunder einer Zigarre hat meist Colorado-Claro-Deckblätter, manchmal auch Maduro-Farbtöne. Ein Bündel der Kabinett-Selection mit 50 Stück sieht noch besser aus. Man sollte die blassgrünen Deckblätter meiden, die nicht immer von Qualität sind.

### Anfühlung
Der geschmeidige und widerständige Körper ist in samtglatte Deckblätter gehüllt und vermittelt in der Hand das Gefühl reiner Harmonie der Proportionen.

### Duft
Feuchter Waldboden an einem Sommertag: voll, rund, fast betörend. Die erdige, feuchte Fülle des Buketts kommt in der Kabinett-Aufmachung am besten zur Geltung.

### Geschmack
Eine bestimmte aromatische Komplexität und Länge ist schon beim Anzünden da. Sogar der Anfang hebt die Abgerundetheit und Regelmäßigkeit der Zigarre hervor. Das zweite Drittel leitet zu einem Crescendo über und führt zu einer berauschenden Apotheose. Für Gelegenheitsraucher mag es zu viel sein.

### Genuss
Ihre wahren Stärken zeigt diese Aristokratin dem erfahrenen Aficionado nach einem raffinierten Dinner kontinentaler oder exotischer Art zu einer arabischen Kaffeemischung.

**Gesamtbewertung**
Stärke: 8 – Gleichmäßigkeit: 8,5 – Charakter: 8,5.

Corona Gorda – Kuba

## RAFAEL GONZÁLEZ CORONAS EXTRA

Länge: 143 mm (5 ⅝ in.)
Ringmaß: 46 (18,26 mm)
Körper: Quadratisch
Aufmachung: Traditionelle Kiste mit 25 Stück

### Aussehen
Die schön gleichförmige, rassige Zigarre umhüllt sich mit Deckblättern von Claro zu Colorado. Sie ist nie sehr fett und hat eine seidige, konsistente, leicht strenge Eleganz.

### Anfühlung
Gerade und aufrecht ist das Motto dieser Coronas Extra. Hinsichtlich Geschmeidigkeit und Dichte Perfektion durch und durch.

### Duft
Der äußerst aromatische Duft erinnert an die Montecristos der 1960er-Jahre. Reichhaltige Noten geben dem waldigen und floralen Kern Intensität. Hinreißend.

### Geschmack
Das konsistente, üppige Aroma gewinnt beim Rauchen an Reichhaltigkeit. Eine gewisse Frische paart sich mit runden, entfalteten waldigen Noten. Die Zigarre überhitzt nie und wird nie bissig, sie bleibt höflich von Anfang bis Ende.

### Genuss
Obwohl die Rafael González von vielen Liebhabern traditioneller Havannas geschätzt wird, verdient sie größere Beachtung. Dem mag die geringe Produktion entgegenstehen. Gut geeignet für Empfänge, wo ihr Duft Aufmerksamkeit auf sich ziehen dürfte.

### Gesamtbewertung
Stärke: 7 – Gleichmäßigkeit: 8 – Charakter: 9.

Corona Gorda – Kuba

# SAINT LUIS REY SÉRIE A

Länge: 143 mm (5 ⅝ in.)
Ringmaß: 46 (18,26 mm)
Körper: Rund
Aufmachung: Traditionelle Kiste mit 25 Stück, Kabinett mit 50 Stück

### Aussehen
Das halbe Rad ist mit beispielhafter Rundheit perfekt von Kopf bis Fuß. Die Farbpalette reicht von Claro mit grünen Zwischentönen bis zu dunklem Maduro.

### Anfühlung
Die leicht samtigen Deckblätter umhüllen einen erstaunlich kompakten Körper. Diese besondere Qualität gibt es nur in der Kabinett Selection, nicht in der Kiste mit 25 Stück – ein Hinweis darauf, wie schwer Spitzenqualität bei handgemachten Produkten zu garantieren ist.

### Duft
Die verführerischen Kakaodüfte des Anfangs öffnen sich zu eher floralen Noten, die bei den jüngeren Exemplaren zu einer fermentierten Süße tendieren. Dann erscheinen waldig trockene Aromen mit einem grünen Charakter.

### Geschmack
Reichhaltig, rund und cremig ohne übertriebene Stärke, bietet sie einen gut komponierten Geschmack. Der Beginn ist leichter, die Mitte würziger, das Finale nobel.

### Genuss
Diese hübsche Corona Gorda passt zu vielen Geschmäckern und Gelegenheiten, ohne sich vorzudrängen. Mit ihrem langen Abgang raucht sie sich gut nach einem Lunch oder Dinner.

**Gesamtbewertung**
Stärke: 7,5 – Gleichmäßigkeit: 8 – Charakter: 8,5.

Corona Gorda – Kuba

## SAN CRISTÓBAL DE LA HABANA
## LA FUERZA

Länge: 143 mm (5 ⅝ in.)
Ringmaß: 46 (18,26 mm)
Körper: Quadratisch
Aufmachung: Traditionelle Kiste mit 25 Stück

### Aussehen
Diese majestätische Gran Corona ähnelt einer Double Corona, der das letzte Drittel fehlt. Sie ist etwas stämmiger als ihre Artgenossen und in Colorado, nie in Maduro gehalten.

### Anfühlung
Fest, dick und manchmal ein wenig zu fest gerollt, ist sie trotz des Umfangs nicht einfach zu rauchen. Mit ihrer Gleichmäßigkeit und Üppigkeit liegt sie dennoch angenehm in der Hand.

### Duft
Wie die El Morro ist die La Fuerza im ersten Drittel sehr diskret und wird dann mit waldigen Aromen verführerisch rund. Sie sollte nicht mit einer Churchill verwechselt werden.

### Geschmack
Wenn sie nicht zu fest gerollt wurde, sehr befriedigend, anfangs krautig und frisch. Dann kommen subtile, klassisch waldige und üppige Noten. Das geschmackvolle Finale lässt den mühsamen Beginn vergessen.

### Genuss
Diesem talentierten Newcomer sollte man vor einem endgültigen Urteil noch Zeit geben. Es wird interessant sein, in einigen Jahren die jungen mit den gereiften Zigarren zu vergleichen.

Gesamtbewertung
Stärke: 7 – Gleichmäßigkeit: 8,5 – Charakter: 9.

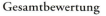

Hermoso N° 4 – Kuba

# H. UPMANN CONNOISSEUR N° 1

| | |
|---|---|
| Länge: | 127 mm (5 in.) |
| Ringmaß: | 48 (19,05 mm) |
| Körper: | Rund |
| Aufmachung: | Kabinett mit 25 Stück |

### Aussehen
Das Bündel mit 25 Exemplaren tendiert zu Colorado-Claro-Farben. Die bestens gebaute Robusto ist äußerst gleichmäßig und fordert den Spitzenplatz der Hoyo de Monterrey Épicure N° 2 in dieser Kategorie heraus.

### Anfühlung
Die glatten, ein wenig seidigen Deckblätter umhüllen einen dichten, leicht gerollten geschmeidigen Körper, der manchmal etwas kraftlos wirkt. Ein Juwel der Zigarrenkunst.

### Duft
Ein frühlingshaftes, sehr florales und nie zu schweres Bukett. Der üppig cremige Körper erinnert an Rinderbrühe, manchmal mit einem Hauch jungen Leders. Der Duft ist reines Vergnügen, immer präsent und nie berauschend.

### Geschmack
Immer leicht, nie langweilig, bietet die Connoisseur N° 1 eine füllige aromatische Palette leichter waldiger Aromen mit exotischen Nuancen. Der frische Beginn endet in einem fruchtigeren Finale und versinkt nie in Belanglosigkeit.

### Genuss
Dieser delikate und leicht erhältliche Begleiter kann den ganzen Tag über genossen werden. Die Zigarre stand zu lange im Schatten. Die Reife sollte ausreichend, muss aber nicht zu extensiv sein.

### Gesamtbewertung
Stärke: 6 – Gleichmäßigkeit: 9 – Charakter: 8,5.

• *Aus der gleichen Familie ist die **Hoyo de Monterrey Épicure N° 2** der vollständig vergleichbare Erzrivale.*

Hermoso Nº 4 – Kuba

# EL REY DEL MUNDO
# CABINET SELECCIÓN CHOIX SUPRÊME

Länge: 127 mm (5 in.)
Ringmaß: 48 (19,05 mm)
Körper: Rund
Aufmachung: Kabinett mit 50 Stück,
traditionelle Kiste mit 25 Stück

### Aussehen
Diese fast blonde Robusto ähnelt der Romeo y Julieta Exhibición Nº 4 und der Saint Luis Rey Regios.

### Anfühlung
Diese seidige und glatte Zigarre ist die einzige ihres Formats, die eine perfekte Kombination von Konsistenz, Geschmeidigkeit und Flexibilität bietet.

### Duft
Das florale Bukett ohne würzige oder herbe Noten verströmt eine milde Frische, die für Zigarren ungewöhnlich ist.

### Geschmack
Es werden frische und cremige Noten freigesetzt, die einen salzigen Geschmack auf den Lippen hinterlassen. Das gleichmäßig elegante Aroma ermüdet nie. Kein Zweifel, ein Charmeur.

### Genuss
Die Choix Suprême gibt es seit mehr als 40 Jahren. Sie wird heute als ausgezeichneter Einstieg für den epikureischen Novizen anerkannt. Alte Hasen schätzen sie am Morgen, nach dem Lunch oder als zweite Abendzigarre. Lange Reife macht sie nicht besser, die Kabinett-Selection ist aromatischer.

Gesamtbewertung
Stärke: 6 – Gleichmäßigkeit: 8 – Charakter: 8,5.

Hermoso N° 4 – Kuba

## ROMEO Y JULIETA EXHIBICIÓN N° 4 CABINET SELECCIÓN

Länge: 127 mm (5 in.)
Ringmaß: 48 (19,05 mm)
Körper: Rund
Aufmachung: Kabinett mit 50 Stück, traditionelle Kiste mit 25 Stück

**Aussehen**
Dieses Bündel von blassen bis gelben Goldfarben, perfekt runden Köpfen und Füßen und einem leicht bauchigen Körper sowie großer Einheitlichkeit spricht für sich selbst.

**Anfühlung**
Mit seiner feinen Porosität hat der Körper eine weiche Geschmeidigkeit, die mehr Festigkeit gewohnte Aficionados irritieren kann. Gutes Handgefühl.

**Duft**
Ein gleichmäßig frisches, sehr florales rundes Bukett, am Kopf ein subtiler Hauch von frischem Holz. Üppig und modern.

**Geschmack**
Vom ersten Zug an aromatisch, entfaltet sie sich mit großer Frische. Sehr waldige Aromen dominieren das erste Drittel, erdige und Röstnoten übernehmen das zweite. Auch bei heftigem Ziehen bleibt die Frische und gewinnt an Rundheit. Das Finale ist eine Tour de Force.

**Genuss**
Diese Zigarre ist eine spontane Versuchung nach einem Sommer-Lunch oder zu einem Stück Schokolade in den Bergen wert. Man lehne sich zurück und ...

**Gesamtbewertung**
Stärke: 6,5 – Gleichmäßigkeit: 7,5 – Charakter: 8,5.

• Die **Vegas Robaina Famosos** aus der gleichen Familie ist ebenso geschmackvoll und ausgewogen.

Hermoso N° 4 – Kuba

# SAINT LUIS REY REGIOS

Länge: 127 mm (5 in.)
Ringmaß: 48 (19,05 mm)
Körper: Rund
Aufmachung: Kabinett mit 50 Stück,
traditionelle Kiste mit 25 Stück

### Aussehen
Das halbe Rad ist für sich eine Erfahrung von Rundheit. Diese hübsche Zigarre zeigt sich in Claro oder Colorado.

### Anfühlung
Die leicht füllige Textur ist eher seidig als fett. Sie fühlt sich geschmeidig als auch fest an und vermittelt, wie alle bauchigen Zigarren, ein gutes Handgefühl.

### Duft
Das anfänglich florale Bukett entwickelt dann eine abgerundete milde Würzigkeit mit grünen und vegetarischen Noten.

### Geschmack
Der Brand ist störungsfrei, aber die Zigarre benötigt Zuwendung, bevor sie ihren vollen Geschmack entfaltet. Die etwas herben Noten des Anfangs öffnen sich zu mehr waldigen, runden Aromen mit großer Frische bis zum Ende.

### Genuss
Diese Robusto nahm mit der Popularität des Formats in den 1980er-Jahren ihren Platz neben der Romeo y Julieta Exhibición N° 4 und der H. Upmann Connoisseur N° 1 ein. Gut geeignet nach dem Lunch, wenn man eine Stunde Zeit hat.

Gesamtbewertung
Stärke: 7,5 – Gleichmäßigkeit: 7 – Charakter: 8.

Robusto – Dominikanische Republik

## ARTURO FUENTE FUENTE OPUS X PERFEXCIÓN ROBUSTOS

Länge:          130 mm (5 ⅛ in.)
Ringmaß:        48 (19 mm)
Körper:         Rund
Aufmachung:     Kabinett mit 50 Stück,
                traditionelle Kiste mit 25 Stück

### Aussehen
Diese schöne Robusto wird von leicht glänzenden Maduro-Deckblättern eingehüllt. Die Rundheit von Kopf, Körper und Fuß ist von gefälliger Konsistenz.

### Anfühlung
Der Körper ist zugleich geschmeidig sowie fest und nicht zu dicht gerollt. Die leichte Öligkeit zeugt von der Fülle der Zigarre. Fühlt sich gut an.

### Duft
Das volle, pfefferige Bukett ist dicht und konzentriert mit Tendenz zu Amber. Feiner, lang anhaltender Duft.

### Geschmack
Das volle, imposante Aroma ist anfangs leicht trocken. Im zweiten Drittel wird es rund mit üppigen, erdigen und trocken waldigen Noten und einem Hauch von Wild. Das Finale ist potent und schwer, der Brand exzellent.

### Genuss
Hat eine Affinität zu schwerem Wein nach einem opulenten Mahl. Für Liebhaber starken Geschmacks.

**Gesamtbewertung**
Stärke: 8 – Gleichmäßigkeit: 9 – Charakter: 8,5.

Robusto - Honduras

# FLOR DE COPÁN ROTHSCHILD 50 x 5

Länge: 125 mm (4 ⅞ in.)
Ringmaß: 48 (19 mm)
Körper: Rund
Aufmachung: Traditionelle Kiste mit 20 Stück in einzelnen Zedernholztuben

### Aussehen
Ein Wunder der Zigarrenkunst in der Harmonie von Colorado-Claro-Tönen. Die vielfarbige Bauchbinde ist ein wenig mächtig geraten.

### Anfühlung
Geschmeidig und glatt von Kopf bis Fuß, schmeichelt die Zigarre mit ihrer leicht seidigen, nie fetten Oberfläche den Fingern.

### Duft
Der Duft ist kurzlebig und mild mit einer frechen waldigen Frische. Die Aromen des Körpers sind sehr mild, fast süß und entwickeln sich in den floralen Bereich mit Noten von Waldboden.

### Geschmack
Eine waldige Frische vom ersten bis zum letzten Zug, die nie aufdringlich ist und nicht nachklingt.

### Genuss
Diese gut gemachte Zigarre passt gut zu Aficionados, die schwere Aromen lieben und mal eine leichte Zigarre rauchen wollen, ebenso zu Anfängern im Robusto-Format. In jedem Fall sollte vorweg ein sommerlicher Lunch genossen werden.

**Gesamtbewertung**
Stärke: 6 – Gleichmäßigkeit: 9 – Charakter: 8,5.

• Die **Flor de Selva Robustos** aus der gleichen Familie ist ähnlich gebaut und auch aus Honduras, aber in Stil und Aromen verschieden.

Robusto – Dominikanische Republik

# VEGA FINA ROBUSTOS

Länge: 125 mm (4 ⅞ in.)
Ringmaß: 48 (19 mm)
Körper: Rund
Aufmachung: Traditionelle Kiste mit 25 Stück

### Aussehen
Die leicht seidige, sehr gleichmäßige Robusto in Colorado ist perfekt ausgewogen. Die goldene und weiße Bauchbinde trägt die Initialen VF.

### Anfühlung
Eine wohl proportionierte Zigarre mit einem geschmeidigen Äußeren und einem knisternden Innenleben. Eine schöne Form, bei der die Rundheit des Kopfes mit der des Bauches korrespondiert, die gut in der Hand liegt.

### Duft
Ein mildes, aromatisches und leicht waldiges Bukett, das sich schnell verflüchtigt.

### Geschmack
Wie alle leichten und milden Zigarren ist diese Robusto im ersten Drittel eine Mischung aus Geschmack und Milde. Dann entwickeln sich flüchtige Waldaromen.

### Genuss
Diese Vega Fina bereichert die Geschmackspalette der großen Robusto-Familie. Sie bietet der Zunge ein sich langsam entfaltendes Aroma, das die Fülle des Finales hervorhebt. Sie überfordert die Geschmacksknospen nie und ist gut als zweite Abendzigarre oder tagsüber bei der Arbeit, wo sie Nichtraucher kaum stört.

**Gesamtbewertung**
Stärke: 6 – Gleichmäßigkeit: 8,5 – Charakter: 7,5.

Robusto – Kuba

# BOLÍVAR ROYAL CORONAS

Länge: 124 mm (4 ⅞ in.)
Ringmaß: 50 (19,84 mm)
Körper: Quadratisch
Aufmachung: Traditionelle Kiste mit 25 Stück

### Aussehen
Dieser stämmige quadratische Typ mit seinen fast scharfen Kanten und der Bauchbinde im Stil des 19. Jahrhunderts ist unverwechselbar. Die sehr gleichmäßige Form ist in warmtönige Colorado-Deckblätter gehüllt.

### Anfühlung
Sie hinterlässt einen dünnen Ölfilm als Zeichen einer vollen, gut gemachten Zigarre und fühlt sich leicht fleischig und rau an.

### Duft
Für Bolívar untypisch, duftet sie eher süß und rund. Der schwächere Duft des Körpers hat Ledernoten, der Fuß ist grasiger und frischer. Beide Noten sind nicht lang anhaltend.

### Geschmack
Fleischig präsent, ohne Schwere mit einem gleichmäßigen Brand. Nach dem sehr waldigen Beginn folgen subtil würzige und wohlschmeckende Töne. Im Ganzen harmonisch und ausgewogen.

### Genuss
Die Royal Coronas wird von Aficionados geschätzt, die keine ausgeprägte Stärke lieben, und passt gut zu einem leichten Lunch oder zur Entspannung. Ein Glas Wasser hilft bei dem irgendwie trockenen Finale.

**Gesamtbewertung**
Stärke: 7 – Gleichmäßigkeit: 6,5 – Charakter: 8.

Robusto – Kuba

## COHIBA ROBUSTOS

Länge: 124 mm (4 ⅞ in.)
Ringmaß: 50 (19,84 mm)
Körper: Rund
Aufmachung: Lackiertes Kabinett mit 25 Stück

### Aussehen
Mit ihrer goldenen oder roterdigen Farbe macht sich diese Robusto überall bemerkbar. Die Art déco-Bauchbinde und die bauchige Form tragen dazu bei.

### Anfühlung
Das Bündel schmeichelt mit seiner vollen, öligen Textur und robusten Form der Hand. Dieses typisch rustikale Format gewinnt durch seine überragende Geschmeidigkeit zugleich an Eleganz.

### Duft
Das besondere Bukett ist reich und aromatisch mit würzigen Honignoten. An Fuß und Kopf zeigt sich auch ein Hauch von Leder.

### Geschmack
Von Anfang an ist das volle Aroma von einem würzigen und waldigen Geschmack mit großer Finesse geprägt. Im letzten Drittel drängen sich Amber, Frucht und Honig als eine betörende Alchemie in den Vordergrund.

### Genuss
Wenn es auch Klagen über den hohen Preis gibt, so ist diese brillante Robusto der Stoff, aus dem die Mythen sind. Man genieße sie nach einem exquisiten Mahl zu einem körperreichen Wein.

**Gesamtbewertung**
Stärke: 8 – Gleichmäßigkeit: 8,5 – Charakter: 8.

Robusto – Kuba

# JUAN LÓPEZ SELECCIÓN N° 2

Länge:        124 mm (4 ⅞ in.)
Ringmaß:      50 (19,84 mm)
Körper:       Rund
Aufmachung:   Kabinett mit 25 Stück

### Aussehen
Mit ihren seidigen und fetten Deckblättern verbreitet sie den Charme der »dicken Zigarre«. Es gibt sie in Claro und Maduro. Am schönsten ist sie in den roten Tönen von Colorado.

### Anfühlung
Rundum Perfektion. Gut in der Hand, dick und glatt, mit einer leichten Weichheit, die ihr steht.

### Duft
Der intensive Beginn scheint zu einer sehr starken Zigarre zu gehören, die diese Robusto aber nicht ist. Jung hat sie intensive Schokoladen-Aromen, die zu raffinierten Leder- und Pfeffernoten reifen.

### Geschmack
Der gleichmäßige Brand setzt sofort eindrucksvolle Impressionen frei. Zunächst prononciert vegetarisch, wird es schnell halberdig und halbwaldig, ohne die Zunge zu überfordern. Zu heftiges Ziehen führt zu Überhitzung.

### Genuss
Diese erstaunliche Havanna ist sofort mit ihrer virtuosen aromatischen Aufmachung da. Man wünscht sich, sie wäre länger. Die Selección N° 2 ist in ihrer reichhaltigen Ausgewogenheit nach einer Mahlzeit oder nur so am Tage ein Genuss.

### Gesamtbewertung
Stärke: 7 – Gleichmäßigkeit: 7,5 – Charakter: 9.

Robusto – Kuba

## MONTECRISTO ROBUSTOS LIMITIERTE SERIE

Länge: 124 mm (4 ⅞ in.)
Ringmaß: 50 (19,84 mm)
Körper: Quadratisch
Aufmachung: Traditionelle Kiste mit 25 Stück

### Aussehen
Diese schöne Robusto hat die traditionelle Montecristo-Bauchbinde und einen »Edicíon Limitada«-Ring. Sie hat saftig-dunkle Maduro-Deckblätter.

### Anfühlung
Wie alle Zigarren mit dunkelfarbigem Tabak gibt diese Montecristo ein volles, öliges Gefühl in der Hand. Sie zeichnet sich auch durch eine stärkere Aderung aus.

### Duft
Das starke, kurzlebige Aroma setzt steigernde vegetarische und würzige Akzente auf einem Gewürzbrot-Hintergrund, dem diese Zigarre ihrer Jugendlichkeit verdankt.

### Geschmack
Lässt man gelegentliche kleine Unregelmäßigkeiten beim Brand außer Acht, nimmt sie wegen ihres für die Marke untypisch dynamischen Aromas ein. Ohne tanninige Töne entfaltet sie die ganze Palette der Würzigkeit mit vollem Aroma vom ersten Drittel an.

### Genuss
Sie wurde nur zwischen 1999 und 2001 hergestellt. Sie verkörpert die Vorlieben dieser Zeit und passt bestens zu einer kräftigen Mahlzeit mit ebensolchem Wein. Ihre beste Zeit kommt noch.

#### Gesamtbewertung
Stärke: 9,5 – Gleichmäßigkeit: 8,5 – Charakter: 9.

Robusto – Kuba

# PARTAGÁS SÉRIE D N° 4

Länge:         124 mm (4 ⅞ in.)
Ringmaß:       50 (19,84 mm)
Körper:        Rund
Aufmachung:    Unlackierte Kiste mit 25 Stück

### Aussehen
Diese rassige, runde und markante Robusto kommt in elegantem, vollem Maduro daher.

### Anfühlung
Eher füllig als geschmeidig, seidig und am Fuß dichter gerollt als im Körper.

### Duft
Das absolut würzige Bukett ist schon anfangs mächtig und nichts für Anfänger. Die abgerundeten vollen Noten vor einem leicht waldigen Hintergrund sind von Leder und einem Hauch grünen Pfeffers geprägt.

### Geschmack
Ein perfekter Brand liefert einen Überfluss an Aromen sowohl zwischen frisch und schwer als auch zwischen Erdigkeit und Leder mit Waldboden. Sie neigt nicht zu Überhitzung. Komplexität und Intensität dürften unerfahrene Raucher überfordern.

### Genuss
Die D N° 4 wurde wegen ihrer Komplexität lange kaum verstanden und stand im Abseits, wird jetzt aber voll anerkannt. Ihre Reichhaltigkeit, Konsistenz und berauschende Schwere sind wirklich außergewöhnlich und nach dem Essen unvergesslich.

### Gesamtbewertung
Stärke: 9 – Gleichmäßigkeit: 9,5 – Charakter: 10.

• *Die hoch aromatische und meisterhafte* **Montecristo Millennium 2000** *aus der gleichen Familie ist bereits ein Sammlerstück.*

Robusto – Kuba

## RAMÓN ALLONES
## SPECIALLY SELECTED

Länge: 124 mm (4 ⅞ in.)
Ringmaß: 50 (19,84 mm)
Körper: Quadratisch
Aufmachung: Traditionelle Kiste mit 25 Stück

### Aussehen
Braun, flachbauchig und rund an den Kanten, strahlt diese Robusto ihren Anspruch aus. Die leicht roten und dunkelbraunen Farbtöne stehen ihr am besten.

### Anfühlung
Der feste Körper ist nicht zu hart. Sie ist öliger als ihr naher Verwandter, die Partagás D N° 4.

### Duft
Das lang anhaltende Aroma betont Gewürze vor einem Kakao- und Karamell-Hintergrund. Ausreichend gereift, kommen im honigartigen Körper lederige und reichhaltig würzige Noten hinzu.

### Geschmack
Diese Robusto ist ein authentischer Vertreter der Tradition, geradlinig und komplex. Der Geschmack übertrifft den Duft. Die Würzigkeit ist mit dem ersten Zug da, abgerundete, volle und außerordentlich wohlschmeckende Noten mischen sich dazu.

### Genuss
Ideal zu rustikalen Gerichten wie Schmorbraten oder Frikassee. Zu kurz, um mit einem guten Rum mitzuhalten, aber sehr gut zu einem fruchtigen roten Burgunder mit Tannin.

**Gesamtbewertung**
Stärke: 9 – Gleichmäßigkeit: 8,5 – Charakter: 10.

Robusto – Kanarische Inseln

## S.T. DUPONT ROBUSTOS

Länge: 120 mm (4 ¾ in.)
Ringmaß: 48 (19 mm)
Körper: Rund
Aufmachung: Lackiertes Kabinett mit 25 Stück, einzeln in Zellophan verpackt

### Aussehen
Diese schöne Zigarre in der Maduro-Farbpalette hat eine weiß-goldene Bauchbinde. Kopf und Körper sind sehr gleichmäßig, die Deckblätter sind ohne Aderung.

### Anfühlung
Ein samtiges Gefühl betont das volle, feste und nie zu fette Volumen. Die Dichte beeinträchtigt den Brand nicht.

### Duft
Die Frische des Fußes wird voller am Körper und leicht grün im Finale. Die Konzentration von aromatischer Frische ist sehr verführerisch.

### Geschmack
Der üppige Rauch enthält einen Rhythmus von Aromen. Gesalzene Erdnüsse zunächst, dann ein weicher Übergang zu komplexen floralen Noten. Obwohl man häufiger ziehen muss, gibt es keine Überhitzung am Ende mit seinem feinen, kurzlebigen Aroma.

### Genuss
In Europa kennt S.T. Dupont als einer der Wenigen das Geheimnis, wie man gute Zigarren herstellt. Diese Robusto kann morgens, nachmittags oder zum Champagner vor dem Essen genossen werden. Sie hinterlässt keinen Nachgeschmack. Für Anfänger in diesem Format ist sie der ideale Einstieg.

**Gesamtbewertung**
Stärke: 5,5 – Gleichmäßigkeit: 9 – Charakter: 8,5.

Dalia – Kuba

# BOLÍVAR INMENSAS

Länge: 170 mm (6 ⅝ in.)
Ringmaß: 43 (17,07 mm)
Körper: Quadratisch
Aufmachung: Traditionelle Kiste mit 25 Stück

### Aussehen
Die sehr gleichmäßigen und fetten Deckblätter durchmessen die ganze Farbpalette von hellem Claro über etliche Colorado-Töne zu warmem Maduro. Auch grüne Varianten sind dabei.

### Anfühlung
Der Augenschein kann täuschen. Diese sehr steif erscheinende Zigarre ist aber geschmeidig, mürbe, seidig und leicht ölig. Sie zeichnet sich durch Eleganz aus und fühlt sich so gut an, dass man die quadratische Form vergisst.

### Duft
Wie alle Bolívars haben auch die Inmensas ein voll würziges, erdiges Aroma. Die leicht grünen Untertöne erinnern an den Duft von Ackerboden nach einem Regen.

### Geschmack
Der subtile waldige Beginn öffnet sich zu komplexeren Aromen von Waldboden und feuchter Erde mit würzigen, runden Noten und einem Hauch grünen Pfeffers. Das üppige, konzentrierte Finale gibt dem Ganzen Ausgewogenheit.

### Genuss
Diese außerordentlich elegante, sehr noble und schöne Zigarre ist noch relativ unbekannt. Das volle, kräftige Aroma intensiviert sich mit jedem Zug. Für erfahrene Aficionados perfekt nach dem Dinner.

**Gesamtbewertung**
Stärke: 9 – Gleichmäßigkeit: 8,5 – Charakter: 9.

Dalia – Kuba

# COHIBA SIGLO V

Länge:         170 mm (6 ⅜ in.)
Ringmaß:       43 (17,07 mm)
Körper:        Rund
Aufmachung:    Lackiertes Kabinett mit 25 Stück

### Aussehen
Form und Haltung wie ein alter britischer Kolonialoffizier oder auch einfach von großer Schönheit in seidigen Deckblättern. Nach unserer Kenntnis die einzige Lonsdale, die als Kabinett mit 25 Stück erhältlich ist.

### Anfühlung
Mit ihrer feinen öligen Textur ist diese Siglo V ebenso elegant anzufühlen wie anzusehen, wozu auch eine gewisse Geschmeidigkeit beiträgt.

### Duft
Das üppige Bukett ist rund und floral. Der Körper verbreitet Düfte neuen Leders, der Fuß hat milde Gewürztöne und honigartige vegetarische Noten. Am Kopf kommt das typisch konzentrierte Aroma einer Havanna.

### Geschmack
Aromatische Fülle in schweren floralen Tönen von Beginn an. Die komplexe würzige Mischung vertieft sich im zweiten Drittel, wozu auch der nie überhitzende Brand beiträgt. Zu jung können sie ein wenig scharf sein.

### Genuss
Richtig gereift, wird die Siglo V elegant. Perfekt nach einem guten Mahl oder beim Lesen am Nachmittag.

Gesamtbewertung
Stärke: 8 – Gleichmäßigkeit: 8,5 – Charakter: 9.

Dalia – Kuba

## LA GLORIA CUBANA MÉDAILLE D'OR N° 2

Länge: 170 mm (6 ⅝ in.)
Ringmaß: 43 (17,07 mm)
Körper: Rund
Aufmachung: Halblackierte Kiste mit 25 Stück

### Aussehen
Diese Dalia ist eine Mischung aus der Reichhaltigkeit einer Churchill und der Eleganz einer Lonsdale. In der Farbe im Allgemeinen golden und gelegentlich dunkles Colorado, erinnert sie in der eleganten 8-9-8-Aufmachung an die Partagás 8-9-8 Cabinet Selection Verni.

### Anfühlung
Nicht weich, sondern fest und sehr strukturiert, erscheint die Medaille d'Or N° 2 manchmal ein wenig eng gerollt. Der Tabak ist von allererster Qualität.

### Duft
Ein eher waldig erdiges Gewürzbrot-Aroma unterscheidet diese Zigarre von der Partagás 8-9-8 Verni.

### Geschmack
Stärke, gemindert durch Reichhaltigkeit und Präsenz. Zu Beginn reife waldige und würzige Aromen im Vordergrund. Dann liefert diese rassige Zigarre ihre berauschenden Höhepunkte bis zum Finale.

### Genuss
Mit ihrer üppigen Milde und Potenz krönt sie ein exquisites Mahl. Unerfahrene Zungen könnten überwältigt sein.

**Gesamtbewertung**
Stärke: 9 – Gleichmäßigkeit: 8 – Charakter: 8,5.

• *Die oben erwähnte* **Partagás 8-9-8 Cabinet Selection Verni** *aus der gleichen Familie ist betörend. Dies gilt auch für die klassische Stärke der* **Partagás de Partagás N° 1** *– sehr kraftvoll und von großer Klasse.*

Dalia – Kuba

# RAMÓN ALLONES 8-9-8 VERNI

Länge: 170 mm (6 ⅝ in.)
Ringmaß: 43 (17,07 mm)
Körper: Rund
Aufmachung: Halblackierte Kiste mit 25 Stück

### Aussehen
Das schöne, einheitliche Aussehen wird von der lackierten Kiste abgerundet. Ein in jeder Hinsicht rundes Ganzes mit perfektem Fuß.

### Anfühlung
Die Mischung aus Festigkeit und Weichheit erinnert an eine Churchill und fühlt sich gut an.

### Duft
Schwere Gewürz- und Kakaodüfte dominieren das reichhaltig runde und äußerst nachhaltige Aroma.

### Geschmack
Kubanisch durch und durch, ist der Beginn zögerlich, bevor es üppig wird. Mit dem Alter gewinnen die Gewürzbrot-Aromen eine feine Abrundung. Aber Vorsicht, die schiere Menge Tabak kann einen schwindelig machen.

### Genuss
Dieses herausragende Exemplar der prestigeträchtigen 8-9-8-Trilogie (siehe gegenüberliegende Seite) tritt am bescheidensten auf. Nach dem Dinner perfekt, besonders mit italienischer Küche und fruchtigem Wein. Nur für erfahrene Raucher.

Gesamtbewertung
Stärke: 8,5 – Gleichmäßigkeit: 9 – Charakter: 9,5.

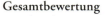

Cervantes - Kuba

## PARTAGÁS LONSDALES CABINET SELECTION

Länge: 165 mm (6 ½ in.)
Ringmaß: 42 (16,67 mm)
Körper: Rund
Aufmachung: Kabinett mit 50 Stück, traditionelle Kiste mit 25 Stück

### Aussehen
Das superbe halbe Rad der Kabinett-Selection zeigt feurig-goldene erdige Töne, die mit dem Alter nachdunkeln. Die außergewöhnlich gleichmäßigen Köpfe scheinen der Welt der Kunst zu entstammen.

### Anfühlung
Die gut gebaute Zigarre ist fest und fast ein wenig zu dicht gerollt, aber mit gutem Handgefühl. Stilvoll, weder seidig noch fett.

### Duft
Bei jungen Exemplaren ist der Duft eher herb und adstringierend. Mit der Reife kommen tiefere Kakao-Aromen und die würzige Stärke, für die Partagás bekannt ist.

### Geschmack
Entfaltete waldige und pfefferige Aromen sind sofort auf der Zunge. Beim Rauchen erreichen die starken Wald-Aromen jede Geschmacksknospe. Das Finale gehört den Gewürznoten.

### Genuss
Die Zigarren in der Kabinett-Selection reifen noch, die in der Kiste bleiben in ihrer Entwicklung stehen. Zu großen Weinen passt diese Lonsdale sehr gut. Abwechselnd ein Zug und ein Schluck – ein weihevolles Erlebnis.

**Gesamtbewertung**
Stärke: 9 – Gleichmäßigkeit: 6 – Charakter: 8,5.

• *Aus der gleichen Familie ist die* **Saint Luis Rey Lonsdales Cabinet Selection** *stärker und weniger würzig.*

Cervantes – Kuba

# RAFAEL GONZÁLEZ LONSDALES

Länge:        165 mm (6 ½ in.)
Ringmaß:      42 (16,67 mm)
Körper:       Quadratisch
Aufmachung:   Traditionelle Kiste mit 25 Stück

### Aussehen
Dieser große Klassiker ist von perfekter Eleganz, lang gestreckt und gut gebaut.

### Anfühlung
Sie ist fest sowie füllig und der Favorit von Liebhabern kompakter Härte.

### Duft
Das lieblich-florale Bukett ohne Würzigkeit ist schon fast feminin. Ein grüner Hauch gibt ihr Frische.

### Geschmack
Mild und subtil am Anfang, entwickeln sich frische Aromen mit delikater Würze auf einem ledrigen Hintergrund, die immer voll da sind und den langsamen Brand vergessen machen.

### Genuss
Diese inspirierende, imaginative und kreative Zigarre passt gut zum Lesen oder Musik hören, natürlich auch zu gutem Essen. Die Zunge wird nie von den Aromen zugeschüttet, sondern verfeinert ihre Wahrnehmung nur. Sehr gut zu Meeresfrüchten oder Tee und Kuchen an einem Winternachmittag.

### Gesamtbewertung
Stärke: 7,5 – Gleichmäßigkeit: 8 – Charakter: 9.

• Die **El Rey del Mundo Lonsdales** aus der gleichen Familie ist milder.

Cervantes – Kuba

## SANCHO PANZA MOLINOS

Länge: 165 mm (6 ½ in.)
Ringmaß: 42 (16,67 mm)
Körper: Quadratisch
Aufmachung: Traditionelle Kiste mit 25 Stück

### Aussehen
Die Kiste wurde geändert. Die Figur des Sancho ist verschwunden. Aber die gut gebaute Zigarre mit einer großen Farbpalette und der eleganten Bauchbinde ist die gleiche geblieben.

### Anfühlung
Schnurgerade und heute sehr dicht gerollt, hat sie sich doch eine gewisse Geschmeidigkeit bewahrt. Die leicht raue, körnige Textur betont die asketische Erscheinung.

### Duft
Mit der veränderten Aufmachung wurde auch das Bukett neu gewichtet. Es ist jetzt vegetarisch und grün, ohne kräftige Gewürznoten dazwischen.

### Geschmack
Sie beginnt leicht vegetarisch mit einem strengen Zug. Wenn die Molinos die richtige Temperatur erreicht hat, wird sie reichhaltiger und waldiger. Das intensive letzte Drittel kann zur Überhitzung neigen. Es muss gemächlich geraucht werden.

### Genuss
Die lange vernachlässigte Cervantes wird heute für ihre Reichhaltigkeit und ihren Charme gelobt. Die neue Version wird hoffentlich ebenso gut ankommen, zum Beispiel zu einem Mahl mit einem tanninhaltigen Weißwein der besseren Sorte.

### Gesamtbewertung
Stärke: 7 – Gleichmäßigkeit: 6,5 – Charakter: 6,5.

• Die **Bolívar Lonsdales** aus der gleichen Familie ist eine gute Zigarre.

Corona Grande – Kuba

# COHIBA SIGLO III

Länge: 155 mm (6 ⅛ in.)
Ringmaß: 42 (16,67 mm)
Körper: Rund
Aufmachung: Lackiertes Kabinett mit 25 Stück

### Aussehen
Mit ihren gleichmäßig runden Köpfen ist dies eine schöne, gut gebaute Zigarre. Mag sie auch in der Kabinett-Version länger und in der traditionellen Kiste kürzer wirken – sie ist gleichmäßig ansprechend.

### Anfühlung
Konsistent und ohne zu große Festigkeit gerollt, fühlt sie sich einfach elegant an.

### Duft
Bei den ersten Zügen denkt man an Felder, Farmen und bukolische Idyllen nach einem Regen an einem Sommermorgen. Der Kopf duftet nach Leder, der Körper hat etwas Staubiges. Am Fuß dominieren florale Aromen mit einem Hauch von Gewürzbrot.

### Geschmack
Füllig und deshalb langsam im Brand, bringt das erste Drittel den Körper auf die richtige Temperatur. Er verbreitet dann von trockenen Noten bis zu runder Würzigkeit Wohlgeschmack. Mit angemessener Reife verwandelt sich die Stärke in eine einzigartig delikate, honigartige Reichhaltigkeit.

### Genuss
Wenige Zigarren dieses Formats bieten ein solche Finesse, und wenige Jahre nach ihrer Entwicklung ist der beeindruckende Fortschritt der Siglo III bewundernswert.

**Gesamtbewertung**
Stärke: 7,5 – Gleichmäßigkeit: 8 – Charakter: 9.

• Die **Partagás 8-9-8 Kabinett-Selection** (unlackiert) aus der gleichen Familie ist stumpfer und länger.

Corona Grande – Kuba

# LA GLORIA CUBANA SABROSOS

Länge:         155 mm (6 ⅛ in.)
Ringmaß:       42 (16,67 mm)
Körper:        Quadratisch
Aufmachung:    Traditionelle Kiste mit 25 Stück

### Aussehen
Die beeindruckend gleichmäßige Gran Corona im Stil einer Lonsdale hat Deckblätter von Claro bis Maduro mit roten Nuancen von hellem Colorado dazwischen. Der runde Kopf ist besonders gelungen.

### Anfühlung
Sehr konsistent, geschmeidig und nachgiebig, selten hart. Ihre Klasse wird auch durch die Finesse ihres Tabaks bestätigt.

### Duft
Das einfache, geradlinige Bukett verkörpert die Tradition der Havanna. Mild-florale Düfte schweben über schwereren, leicht pfefferigen Noten.

### Geschmack
Dieser untypische Klassiker beginnt fein und entwickelt schnell starke, üppige Aromen von Honig und Pfeffer. Der gute Brand sichert eine dauerhafte Frische.

### Genuss
Der Spitzentabak, die Gleichmäßigkeit und das gute Preis-/Leistungsverhältnis machen die Sabrosos zweifelsfrei zu einer guten Zigarre.

**Gesamtbewertung**
Stärke: 7 – Gleichmäßigkeit: 8 – Charakter: 7.

• *Die **Romeo y Julieta Coronas Grandes** aus der gleichen Familie ist frischer und direkter.*

Corona Grande – Kuba

## HOYO DE MONTERREY
## LE HOYO DES DIEUX

Länge:         155 mm (6 ⅛ in.)
Ringmaß:       42 (16,67 mm)
Körper:        Rund
Aufmachung:    Kabinett mit 50 oder 25 Stück

### Aussehen
Das halbe Rad reift besser und ist deshalb der kleineren Aufmachung vorzuziehen. Man sieht ihr das Alter von 40 Jahren nicht an. Sie kommt in Goldtönen, selten dunkler, mit seidiger Textur jugendfrisch daher.

### Anfühlung
Geschmeidig und fest zugleich, manchmal ein wenig zu hart, ist die Hoyo des Dieux elegant, ölig und seidig und liegt gut in der Hand.

### Duft
In der Tradition von Le Hoyo ist das Bukett überwiegend floral mit beständigen Noten von Waldboden, die eine gewisse Bandbreite erzeugen.

### Geschmack
Nach dem milden, runden Beginn kommen süßere und tiefere Aromen. Das Finale bietet üppige vegetarische Noten.

### Genuss
Wer nach einer Zigarre im Robusto-Stil sucht, wird diese Hoyo etwas zu leicht finden. Sie hinterlässt jedoch in der traditionellen Geschmacksrichtung von Kakao, Holz, Moschus und Gewürzen einen nachhaltigen Eindruck. Gut nach dem Lunch zu einem jungen Wein oder mit ihrem guten Brand während des Tages.

**Gesamtbewertung**
Stärke: 7 – Gleichmäßigkeit: 8 – Charakter: 7,5.

Corona Grande – Kuba

# PUNCH SUPER SELECTION N° 1

| | |
|---|---|
| Länge: | 155 mm (6 ⅛ in.) |
| Ringmaß: | 42 (16,67 mm) |
| Körper: | Rund |
| Aufmachung: | Kabinett mit 50 Stück |

### Aussehen
Fein und elegant in goldenem Claro ist dieser Ästhet fast eine Lonsdale – oder umgekehrt.

### Anfühlung
Das Bündel vereint alles in allem Geschmeidigkeit mit Spannkraft. Die Selection N° 1 hat einen festen Körper, eher seidig und glatt als fett. Ihre leichte Kompaktheit verschafft ihr einen gewissen Auftritt.

### Duft
Ein milder Zedernduft öffnet sich im Körper zu vegetarischen Aromen von Kakao und Leder mit waldigen Tönen am Fuß. Sie wird mit dem Alter runder, ohne die aromatische Linie zu verändern.

### Geschmack
Die Selection N° 1 ist nicht so erdig wie andere Punchs. Im ersten Drittel schmeckt sie feucht vegetarisch, wird im zweiten stärker und bietet volle, schwerere und würzige Noten gegen Ende.

### Genuss
An der Grenze zwischen zwei Formaten hat sie noch immer nicht ihr Publikum gefunden, gehört aber dessen ungeachtet zu den feinsten Zigarren der Welt. Perfekt nach einer guten Mahlzeit oder zu einem Kaffee, wenn man schon etwas im Magen hat, um die Stärke gut zu vertragen.

### Gesamtbewertung
Stärke: 8 – Gleichmäßigkeit: 9,5 – Charakter: 9.

• *Aus der gleichen Familie ist die floralere und vegetarischere **Romeo y Julieta Coronas Grandes** ebenfalls eine großartige Zigarre.*

Corona – Kuba

## PARTAGÁS CORONAS CABINET SELECTION

Länge: 142 mm (5 ½ in.)
Ringmaß: 42 (16,67 mm)
Körper: Rund
Aufmachung: Kabinett mit 50 Stück, traditionelle Kiste mit 25 Stück

### Aussehen
Hat die noble Strenge einer authentischen Corona. Sie trägt in der Regel Goldfarben, gelegentlich Maduro.

### Anfühlung
Leicht samtig, aber aufgrund ihrer Öligkeit nicht seidig. Der feste Körper ist geschmeidig, aber nie weich, es sei denn, er ist zu feucht geworden, was den Ruin bedeutet.

### Duft
Der typische Duft von Partagás ist eine Mischung von Wald und Gewürzen mit einem wilden Finale, besonders bei jungen Zigarren. Reife fügt Subtilität hinzu, besonders in der Kabinett-Version.

### Geschmack
In der Partagás-Tradition hat die Cabinet Selection eine gewisse Strenge mit Aromen nach Kaffee, Kakao, Moschus und Gewürzen, die stark beginnen und lange anhalten.

### Genuss
Diese schöne, etwas strenge Zigarre hat seit Jahren ihre Anhänger. Ihr aromatischer Reichtum – präsenter in der Kabinett-Version – macht sie zu einer exzellenten Jahrgangszigarre. Nach einem Lunch wird ihr langsamer, gleichmäßiger Brand einen erfahrenen Raucher nie langweilen.

### Gesamtbewertung
Stärke: 9 – Gleichmäßigkeit: 9 – Charakter: 8,5.

• Die **Juan López Coronas** aus der gleichen Familie ist ebenso streng, aber milder und weniger würzig im Geschmack.

Corona – Kuba

## RAMÓN ALLONES CORONAS CABINET SELECTION

| | |
|---|---|
| Länge: | 142 mm (5 ½ in.) |
| Ringmaß: | 42 (16,67 mm) |
| Körper: | Rund |
| Aufmachung: | Kabinett mit 50 Stück |

### Aussehen
Diese Corona war lange Zeit nicht auf dem Markt und ist nun in einer Cabinet Selection mit 50 Stück wieder da, um zu demonstrieren, wie schön ein halbes Rad in hellen Farbtönen sein kann.

### Anfühlung
Seidig und glatt mit feiner Textur, ist die Zigarre fest und doch geschmeidig. Von Kopf bis Fuß im Gleichgewicht, liegt die runde Form gut in der Hand.

### Duft
Anfangs kommen einem die Aromen eines Waldes im Sommer entgegen, die sich schnell mit Honig- und Gewürztönen anreichern. Sie sind rund und üppig am Fuß, riechen nach neuem Leder am Köper und nach altem Leder am Kopf. Die vollen und präsenten Aromen sind lang anhaltend.

### Geschmack
Anfangs denkt man an eine Partagás Corona. Die Ramón Allones ist dann nicht so würzig und frisch, aber sehr verführerisch. Das Finale mit vollen und runden waldigen Noten bleibt stark.

### Genuss
Die Wiederkehr dieser Zigarre ist ein Grund zum Feiern, wenn auch der Nachschub nur spärlich kommt. Sie ist eine wohlschmeckende Corona für den Tagesausklang, zum Aperitif oder auch nach dem Dinner und gewinnt durch ihre Schlichtheit.

**Gesamtbewertung**
Stärke: 8 – Gleichmäßigkeit: 9,5 – Charakter: 9,5.

• *Aus der gleichen Familie sind die* **Hoyo de Monterrey Le Hoyo du Roi** *ein wenig geschmackvoller und die* **Saint Luis Rey Coronas** *sehr aromatisch.*

Corona – Kuba

# ROMEO Y JULIETA CORONAS

Länge: 142 mm (5 ½ in.)
Ringmaß: 42 (16,67 mm)
Körper: Quadratisch
Aufmachung: Traditionelle Kiste mit 25 Stück

### Aussehen
Ein großartiger, rassiger Klassiker mit perfekter Konstruktion, einer schönen traditionellen Bauchbinde und hellen bis hellbraunen Deckblättern.

### Anfühlung
Der geschmeidig-seidige Körper zeigt, dass er aus bestem Hause stammt.

### Duft
Das Bukett beginnt sehr vegetarisch und wird dann leicht säuerlich, fast scharf. Mit dem Körper kommen traditionell lederige Noten, die in ein beruhigendes Finale münden.

### Geschmack
Sich selbst und keinem Vorurteil treu, bietet diese gut erhältliche und quasi joviale Corona einen milden, runden floralen Geschmack im Stil der Zeit. Vor zwanzig Jahren war sie noch stark und voll, hat sich aber dem Trend zu mehr Milde und einfachem Brand angeschlossen.

### Genuss
Die Modernisierung der Geschmacksrichtung ist ein Erfolg. Ihre Anhänger schätzen das frische, stabile Aroma immer und überall – ein Begleiter durch den Tag.

**Gesamtbewertung**
Stärke: 6,5 – Gleichmäßigkeit: 7 – Charakter: 7,5.

• Die **Diplomáticos N° 3** aus der gleichen Familie hat auch eine gute Tradition und ist seit einigen Jahren wieder erhältlich.

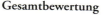

Corona – Kuba

# SANCHO PANZA CORONAS

| | |
|---|---|
| Länge: | 142 mm (5 ½ in.) |
| Ringmaß: | 42 (16,67 mm) |
| Körper: | Quadratisch |
| Aufmachung: | Traditionelle Kiste mit 25 Stück |

### Aussehen
Gleichmäßig ausgerichtet wie beim Militär, bietet dieser schöne quadratische Körper die Farbpalette von Claro zu Colorado. Die strenge Eleganz wird durch den runden Kopf und die ovale Bauchbinde gemildert.

### Anfühlung
Sie ist eng gerollt, fühlt sich aber geschmeidig, in der Handfläche fast hart an. Ihre Deckblätter sind ölig und leicht glänzend.

### Duft
Am Fuß löst sich der waldige Duft in vegetarische Nuancen auf. Der Körper erhält durch einen Hauch von neuem Leder seinen Reiz.

### Geschmack
Das erste Drittel bewegt sich im mild floralen Bereich, das zweite wird tanninig und waldig. Das Finale hat volle, schwere Waldbodenaromen mit Noten von Zitrone und Kaffee.

### Genuss
Als großer Klassiker des Formats liegt die Sancho Panza Coronas zwischen der Reichhaltigkeit der Partagás und der Milde der Hoyo du Roi. Man rauche sie nach dem Lunch und ohne Alkohol, um ihrem Geschmack ungeteilte Aufmerksamkeit schenken zu können.

**Gesamtbewertung**
Stärke: 6,5 – Gleichmäßigkeit: 8 – Charakter: 7,5.

• In der gleichen Familie: die **Juan López Coronas** und die **Punch Coronas**, beide von bemerkenswerter Gleichmäßigkeit.

Corona – Nicaragua

# PADRÓN 1964 ANNIVERSARY CORONAS

Länge:        150 mm (6 in.)
Ringmaß:      38 (15 mm)
Körper:       Quadratisch
Aufmachung:   Halblackierte Kiste mit 25 Stück

### Aussehen
Etwas länger als eine klassische Corona, hinterlässt diese sehr ausgewogene Zigarre in ihrem dunklen Maduro einen guten Eindruck.

### Anfühlung
Gleichmäßig homogen und nicht kompakt, wirkt die Zigarre eher weich als geschmeidig und knistert innen leicht. Hinter der leicht porösen Textur verbirgt sich voller, fetter Tabak, eine insgesamt feuchte Anmutung.

### Duft
Der Fuß verbreitet das Aroma indischen Tees, der Körper Tabakaromen im vegetarischen Waldbodenbereich. Der Duft ist kurzlebig.

### Geschmack
Anfangs sehr floral, leicht und rund, entwickelt sich ein aromatischeres Finale. Um Überhitzung zu vermeiden, darf man nicht zu schnell ziehen.

### Genuss
Die Tabakmischung war vor zwanzig Jahren noch unbekannt und hat sich durchgesetzt. Die Zigarre ist bestens geeignet für den Nachmittag zu einem aromatischen Tee, um den Mund nicht zu trocken werden zu lassen.

Gesamtbewertung
Stärke: 5 – Gleichmäßigkeit: 7,5 – Charakter: 7.

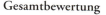

Mareva – Kuba

## BOLÍVAR PETIT CORONAS CABINET SELECTION

| | |
|---|---|
| Länge: | 129 mm (5 ⅛ in.) |
| Ringmaß: | 42 (16,67 mm) |
| Körper: | Rund |
| Aufmachung: | Kabinett mit 50 oder 25 Stück, traditionelle Kiste mit 25 Stück |

### Aussehen
Dieses Bündel runder, gut gemachter Coronas ist ein Prachtstück von Gleichmäßigkeit und Konsistenz.

### Anfühlung
Die glatte und nicht zu feste Zigarre fühlt sich in der Hand gut an. Man kann sie fast atmen hören, wenn man das Bündel ans Ohr hält.

### Duft
Das verführerische Bukett ist rund, frisch und belebend. Feuchte Erdnoten sind am Fuß und Kopf stärker ausgeprägt.

### Geschmack
Das erdige, leicht stechende erste Drittel entwickelt fast eine gewisse Bitterkeit, bevor milde Gewürznoten im letzten Drittel Raum greifen. Der Gesamteindruck ist üppig und konsistent mit einer schönen Balance aus Stärke und Geschmack, die lange nachwirkt.

### Genuss
Diese Petit Corona kann die Komplexität einer Torpedo oder einer Churchill nicht erreichen, aber ihre aromatische Bandbreite ist eine der faszinierendsten dieses Formats. Für den Gelegenheitsraucher passt sie gut zu einer Mahlzeit, der Havanna-Liebhaber wird sie mit ihrem fraglosen Geschmack gern während des Tages rauchen.

### Gesamtbewertung
Stärke: 6 – Gleichmäßigkeit: 7,5 – Charakter: 8.

• In der gleichen Familie ist die **Romeo y Julieta Petit Coronas** erdiger und würziger.

Mareva – Kuba

# COHIBA SIGLO II

Länge: 129 mm (5 ⅛ in.)
Ringmaß: 42 (16,67 mm)
Körper: Rund
Aufmachung: Lackiertes Kabinett mit 25 Stück

### Aussehen
Dieses kleine Bündel von 25 Coronas hat perfekt runde Köpfe und reicht in der Farbpalette von goldenen zu dunkelroten Tönen.

### Anfühlung
Die feste, gut gemachte Zigarre ist äußerst seidig, fühlt sich fast wie ein Schwamm an und liegt gut in der Hand.

### Duft
Das florale Bukett mit lederigen und waldigen Obertönen hat einen Hauch sehr gefälliger Feuchtigkeit. Es ist kurzlebig und bar aller Gewürze. Eine exzellente Jahrgangszigarre mit prononcierten Madera-Aromen, wenn sie ausreichend gereift ist.

### Geschmack
Das höchstens fünfzigminütige Rauchvergnügen bietet Geschmacksvarianten in schneller Folge. Auf florale Noten folgen Gewürze, dann vegetarische Fülle. Das zweite Drittel steigert sich hin zum vollen Aufgebot des Finales.

### Genuss
Man vermeide den einfachen Weg des zu schnellen Rauchens. Die Aromen verdienen Langsamkeit. Die Siglo II passt zu einem einfachen Mahl oder sehr gut zu einem arabischen Kaffee danach.

**Gesamtbewertung**
Stärke: 7 – Gleichmäßigkeit: 8,5 – Charakter: 7,5.

• *Die **Juan López Petit Coronas** aus der gleichen Familie ist milder und hat einen quadratischen Körper.*

Almuerzo – Kuba

# HOYO DE MONTERREY
# LE HOYO DU PRINCE

Länge: 130 mm (5 ⅛ in.)
Ringmaß: 40 (15,87 mm)
Körper: Rund
Aufmachung: Kabinett mit 25 Stück

### Aussehen
Diskret und ohne die Insignien des Prunks, ist dieses hübsche Bündel von Petit Coronas gleichmäßig in goldenen Tönen und nie zu fett.

### Anfühlung
Die schlanke Form fühlt sich in der Hand ein wenig verloren an, aber sie ist durch und durch elegant mit einer seidigen Textur, manchmal ein wenig zu fest.

### Duft
Mild, floral und diskret, sich schnell verflüchtigend. Die Aromen des Körpers sind vegetarischer und ohne die Bitterkeit der Aggressivität.

### Geschmack
Nach dem fein-aromatischen und milden, leichten Beginn gewinnt sie im zweiten Drittel an Reichhaltigkeit und Präsenz. Die volle Kraft des Finales entwickelt grüne Pfeffer-Aromen mit Kakao-Noten. Gelegentliches Überhitzen wegen der eher zu großen Dichte.

### Genuss
Zum Essen oder einem Drink schmeckt sie besser als allein für sich. Jederzeit zu rauchen, am besten vielleicht nachmittags auf dem Rückweg zur Arbeit nach einem Lunch oder Kaffee.

### Gesamtbewertung
Stärke: 6 – Gleichmäßigkeit: 6,5 – Charakter: 6,5.

• *Die **Sancho Panza Non Plus** aus der gleichen Familie, eine Mareva, ist weniger intensiv im Geschmack.*

Mareva – Kuba

# PARTAGÁS PETIT CORONAS CABINET SELECTION

Länge: 129 mm (5 ⅛ in.)
Ringmaß: 42 (16,67 mm)
Körper: Rund
Aufmachung: Kabinett mit 50 Stück, traditionelle Kiste mit 25 Stück

### Aussehen
Dieses hübsche halbe Rad von Petit Coronas mit schönen runden Köpfen und Füßen demonstriert das klassische Gleichgewicht dieses Formats. Die Farbpalette variiert von dunklem Claro über Ockertöne zu hellem Colorado.

### Anfühlung
Sie vermittelt der Hand das Gefühl einer leichten Körnigkeit und ist nicht ölig. Die Kabinett-Version ist porös und geschmeidig von Kopf bis Fuß.

### Duft
Frisch, vegetarisch und kurzlebig. Die scharfen Töne der jungen Zigarren werden später waldiger, ohne das Vegetarische zu verlieren.

### Geschmack
Die von Anfang an üppigen waldigen und leicht zuckerigen Aromen verleihen ihr eine besondere Dimension. Das letzte Drittel wendet sich wieder den Gewürzen zu. Das Alter schärft das Profil kaum und mildert den Stil.

### Genuss
Diese geradlinige und ehrliche Petit Corona passt überall hin, vom Lunch zum Dinner mit Cognac, von der Arbeit zur Kontemplation – vorausgesetzt, man ist mit schweren Havannas vertraut.

Gesamtbewertung
Stärke: 8,5 – Gleichmäßigkeit: 9,5 – Charakter: 9.

• *Die H. Upmann N° 4 aus der gleichen Familie ist ebenso gut gemacht und überall zu genießen.*

Mareva – Kuba

## POR LARRAÑAGA PETIT CORONAS CABINET SELECTION

Länge:         129 mm (5 ⅛ in.)
Ringmaß:       42 (16,67 mm)
Körper:        Rund
Aufmachung:    Kabinett mit 50 Stück

### Aussehen
Diese schöne und schlichte Petit Corona erinnert in ihren Goldtönen ein wenig an ein krustiges Landbrot. Die Rundheit von Kopf und Fuß und die Harmonie des Körpers sind sehr ansprechend.

### Anfühlung
Geschmeidig und nicht weich, gibt sie ein gutes Handgefühl. Die seidige Textur ist kaum fett, der Körper fester als Kopf und Fuß.

### Duft
Das verführerische Bukett weckt den Appetit. Es beginnt mit frischen floralen Noten vor einem leicht waldigen Hintergrund und entfaltet am Körper den Geruch neuen Leders, ohne trocken oder staubig zu wirken.

### Geschmack
Wegen ihrer Frische, Rundheit und Spannung verdient sie es, jung geraucht zu werden. Eine leichte Bitterkeit gibt ihr anfangs einen jovialen Touch, während das letzte Drittel starkes volles Aroma bietet.

### Genuss
Diese delikate Petit Corona ist ein wohl behütetes Geheimnis, das zu entdecken sich lohnt. Sie passt zu jeder Gelegenheit und auch zum Essen, wenn einem nicht nach den größeren Formaten zumute ist.

### Gesamtbewertung
Stärke: 6,5 – Gleichmäßigkeit: 9,5 – Charakter: 9,5.

• *In der gleichen Familie hat die **Diplomáticos N° 4** ein lederigeres Aroma und ist quadratischer.*

Mareva – Kuba

# PUNCH PETIT CORONAS

Länge:        129 mm (5 ⅛ in.)
Ringmaß:   42 (16,67 mm)
Körper:       Rund
Aufmachung: Kabinett mit 50 Stück,
traditionelle Kiste mit 25 Stück
(Punch Petit Coronas del Punch)

### Aussehen
Das kompakte kleine Bündel in grün-braunen blassen Tönen wird von einem gelben Band zusammengehalten.

### Anfühlung
Diese eher üppige und glatte als seidige Zigarre knistert ein wenig. Sie ist aber nie trocken und fühlt sich für das Format ungewöhnlich solide an.

### Duft
Voll und ganz Punch. Erdig und feucht mit einem grasig vegetarischen Fuß bei den jüngeren Exemplaren. Der Körper wird mit der Zeit entfaltet und abgerundet mit einem Ton Amber. Die Zigarre ist eindeutig mit ihrem reichhaltigen, feucht-erdigen Aroma.

### Geschmack
Allerbester Brand setzt eine reifen, erdigen und nicht würzigen Geschmack frei, der sich steigert. Honig, Leder und Waldboden sind gleichfalls präsent, das Finale intensiv.

### Genuss
Angenehm und geschmackvoll, ein guter Begleiter. Für Punch-Liebhaber bestens nach einer leichten Mahlzeit, bei der Arbeit oder zum Nachdenken.

Gesamtbewertung
Stärke: 8 – Gleichmäßigkeit: 9 – Charakter: 8,5.

Mareva – Kuba

# PUNCH ROYAL SELECTION N° 12

Länge: 129 mm (5 ⅛ in.)
Ringmaß: 42 (16,67 mm)
Körper: Rund
Aufmachung: Kabinett mit 25 Stück

### Aussehen
Das kompakte Bündel in Goldtönen ist pure Eleganz.

### Anfühlung
Für das Format ein Schwergewicht, aber mit gutem Gefühl in der Hand. Der dichte, fette Körper macht insgesamt einen schönen Eindruck.

### Duft
Das reichhaltige, feucht-erdige Aroma, das Markenzeichen von Punch, hat eine grasige Anmutung, die sich gut mit den weichen Ledernoten des Körpers mischt. Je nach Ernte kann sie auch schärfere vegetarische Düfte entwickeln.

### Geschmack
Typisch Punch und geradezu explosiv. Zu den erdigen Aromen gesellen sich waldige und würzige Töne sowie ein Hauch von Kakao. Die ausgewogene Mischung bringt es.

### Genuss
Der wegen der Dichte eher schleppende Brand beeinträchtigt das Gefallen an dieser Mareva nicht. Die leichte Unregelmäßigkeit ist kein Fehler, sondern eher eine Überraschung. In ihrer ganzen Rundheit ist die Royal Selection N° 12 angenehm nach einem leichten Lunch am Nachmittag.

#### Gesamtbewertung
Stärke: 7 – Gleichmäßigkeit: 6,5 – Charakter: 6,5.

• *Die H. Upmann Petit Coronas aus der gleichen Familie ist klassischer und geradliniger im Geschmack.*

Mareva – Kuba

# RAFAEL GONZÁLEZ PETIT CORONAS

Länge:         129 mm (5 ⅛ in.)
Ringmaß:       42 (16,67 mm)
Körper:        Quadratisch
Aufmachung:    Traditionelle Kiste mit 25 Stück

### Aussehen
Mit ihren Maduro-Farbtönen, die auch mit der Bauchbinde korrespondieren, wirkt diese Zigarre etwas streng, was durch die quadratische Form betont wird.

### Anfühlung
Der füllige, fette Tabak ist durchgehend dicht gerollt und fühlt sich fast hart an. Die homogenen Deckblätter sind für die limitierte Produktion perfekt ausgewählt.

### Duft
Nach dem sehr vegetarischen Start folgt eine Welle von Gewürz-Aromen, die sich schnell verflüchtigen.

### Geschmack
Der würzig waldige und lederige Anfang mündet in einen pfefferigen, tanninigen Geschmack. Die Fülligkeit birgt die Gefahr der Überhitzung in sich, trägt aber zu einem mächtigen Finale bei, das die ungeübte Zunge überfordern kann.

### Genuss
Die Petit Corona sollte nicht mit der Petit Lonsdale der gleichen Marke verwechselt werden, die exzellent, aber weniger kräftig ist. Sie passt perfekt zu europäischer oder amerikanischer Küche oder zu einem Aperitif, ebenfalls sehr gut als zweite Abendzigarre.

**Gesamtbewertung**
Stärke: 8,5 – Gleichmäßigkeit: 7 – Charakter: 7.

- *Die **Diplomáticos N° 4** aus der gleichen Familie ist weniger stark und mehr floral.*

Mareva – Kuba

# RAMÓN ALLONES PETIT CORONAS

Länge:          129 mm (5 ⅛ in.)
Ringmaß:        42 (16,67 mm)
Körper:         Quadratisch
Aufmachung:     Traditionelle Kiste mit 25 Stück

### Aussehen
Die schönen Colorado-Farben erinnern an karibische Sonnenuntergänge. Die Petit Corona ist in Farbe und Qualität von großer Gleichmäßigkeit und besteht aus Spitzentabak.

### Anfühlung
Der sehr konsistente Körper ist geschmeidig, fest und innerhalb der vollen, fetten Deckblätter perfekt porös. Liegt gut in der Hand.

### Duft
Das kurzlebige, doch üppige Bukett bietet am Körper volle und runde Ledernoten. Der Fuß ist komplexer und sehr einladend.

### Geschmack
Fett, wohlschmeckend, reichhaltig und voll. Im zweiten Drittel entfalten sich waldige und Amber-Aromen. Das Finale ist mit einem Hauch von Gewürzbrot üppig.

### Genuss
Nur mit bester Tabakqualität beweist dieses Format seine Exzellenz. Als Begleiter durch den Morgen ist die Ramón Allones Petit Corona perfekt für Aficionados oder am späten Nachmittag für Anfänger. Ein unvergessliches Erlebnis bietet sie zu Foie Gras und einem schweren, halbtrockenen Wein.

**Gesamtbewertung**
Stärke: 6,5 – Gleichmäßigkeit: 9,5 – Charakter: 9,5

Mareva – Kuba

# SAINT LUIS REY PETIT CORONAS

Länge: 129 mm (5  in.)
Ringmaß: 42 (16,67 mm)
Körper: Rund
Aufmachung: Kabinett mit 50 Stück,
traditionelle Kiste mit 25 Stück

### Aussehen
Das superbe halbe Rad ist ein Oval von 50 gleichmäßigen, runden und seidigen Petit Coronas in goldenen Claro-Tönen bis zu gelegentlichem Maduro. Das perfekte Verhältnis von Länge und Durchmesser gibt ihr ein außergewöhnliches Gleichgewicht.

### Anfühlung
Diese Zigarre ist durch und durch geschmeidig und porös. Die delikate Textur der Deckblätter fühlt sich seidig an und verleiht ihr eine gewisse Vornehmheit.

### Duft
Das runde, frische und waldige Bukett beginnt vegetarisch und wird im zweiten Drittel voller, aber mild und nie würzig. Insgesamt rund und mit einem Hauch neuen Leders.

### Geschmack
Noch ein wenig auf der rustikalen Seite von vor zehn Jahren, hat die Zigarre heute ein komplexeres Aroma, rund und rassig mit floralen und waldigen Noten.

### Genuss
Früher war diese geschmackvolle Saint Luis Rey nur etwas für Experten, heute wird sie auch von weniger erfahrenen Rauchern geschätzt, ohne ihren Charakter aufgegeben zu haben. Der besonders bei der Kabinett-Selection glatte Brand macht sie zu einer exzellenten Tageszigarre für Connaisseure. Für Anfänger perfekt nach einer Mahlzeit.

### Gesamtbewertung
Stärke: 7 – Gleichmäßigkeit: 8,5 – Charakter: 8,5.

• *Die **H. Upmann Petit Coronas** aus der gleichen Familie ist überraschend rund und mild.*

85

Minuto – Kuba

# PARTAGÁS SHORTS

Länge: 110 mm (4 ⅜ in.)
Ringmaß: 42 (16,67 mm)
Körper: Rund
Aufmachung: Kabinett mit 50 Stück, traditionelle Kiste mit 25 Stück

### Aussehen
Dieses hervorragend gemachte Bündel in Goldtönen mit einer feinen, seidigen Textur hat die Gleichförmigkeit und präzise Ausrichtung savoyischer Rundhölzer. Die Kabinett-Selection ist unvergleichlich.

### Anfühlung
Der fette, ölige Körper ist befriedigend fest und neigt nicht zur Überhitzung.

### Duft
Das sofort frische und runde Frühlingsbukett gruppiert sich um florale Noten. Ein Hauch Leder gibt ihm einen tanninigen Charakter.

### Geschmack
Die aromatische Komplexität ist für das Format ungewöhnlich. Die Shorts hat einen frischen, runden vegetarischen Geschmack, zu dem Gewürze und Vanilla im ersten Drittel hinzutreten, Leder, Honig, Kaffee und anderes im letzten Drittel. Das Finale ist würzig und nachhaltig.

### Genuss
Ein guter Begleiter und Repräsentant des Geschmacks des neuen Jahrtausends. Er übersättigt die Atmosphäre nicht, ist in zwanzig Minuten geraucht und passt gut zu Bier, Kaffee, einem leichten Lunch oder einem Sommernachmittag im Freien.

**Gesamtbewertung**
Stärke: 8 – Gleichmäßigkeit: 9,5 – Charakter: 9.

• *Die **Diplomáticos N° 5** aus der gleichen Familie ist quadratischer und leichter im Geschmack.*

Minuto – Kuba

# RAMÓN ALLONES
# SMALL CLUB CORONAS

| | |
|---|---|
| Länge: | 110 mm (4 ⅜ in.) |
| Ringmaß: | 42 (16,67 mm) |
| Körper: | Quadratisch |
| Aufmachung: | Traditionelle Kiste mit 25 Stück |

### Aussehen
Schon wegen der Kürze erregt die Small Club nicht von vornherein Aufmerksamkeit, verdient aber aufgrund ihrer Homogenität in Claro und ihren exemplarischen Proportionen Bewunderung.

### Anfühlung
Die fette Textur reicht von füllig bis körnig. Der Durchmesser verleiht ihr ein gutes Handgefühl und macht sie auch für Aficionados ideal, die die Zigarre nicht aus dem Mund nehmen.

### Duft
Das kurzlebige Bukett ist nicht die Hauptstärke. Der leicht erdige, nicht würzige Duft hat aber eine seidige Rundheit.

### Geschmack
Ein ausgezeichneter Brand bringt die waldigen Noten des vollen und intensiven Aromas hervor, die mit vollen und exotischen Zwischentönen im Mund lange nachwirken. Das mächtige Finale mag überraschen, ist aber kurzlebig.

### Genuss
Bei ihrem kleinen Format versteckt sich die Small Club fast in der Hand. Sie ist angenehm zu allen Gelegenheiten und für Anfänger ein guter Einstieg in das Reich der aromatischen Vielschichtigkeit

### Gesamtbewertung
Stärke: 7 – Gleichmäßigkeit: 8 – Charakter: 8.

• *Die* **Punch Petit Punch** *aus der gleichen Familie ist gleichfalls ein überzeugender Repräsentant einer neuen Generation kleiner Zigarren.*

Minuto – Kuba

## SAN CRISTÓBAL DE LA HABANA EL PRÍNCIPE

Länge: 110 mm (4 ⅜ in.)
Ringmaß: 42 (16,67 mm)
Körper: Quadratisch
Aufmachung: Traditionelle Kiste mit 25 Stück

### Aussehen
Ein wenig bunt in der Aufmachung, wecken diese kleinen Zigarren mit ihren seidigen Colorado-Deckblättern Sympathie. Wenn die etwas altertümliche Bauchbinde entfernt ist, wirken sie ein wenig länger.

### Anfühlung
Die sehr geschmeidige El Príncipe wirkt in der Hand etwas verloren. Elegant weiche Deckblätter umschließen den fetten, quadratischen, stämmigen Körper. Vor dem Anzünden fühlt man die Feuchtigkeit.

### Duft
Der Duft am Körper ist subtil floral, frisch und leicht waldig. Die Wirkung ist angenehm, aber sehr kurzlebig.

### Geschmack
Diese moderne Zigarre ist einfach, schnell, leicht und aromatisch. Sie ist gemacht für die kleinen Momente des Tages mit ihrem delikat waldigen, üppigen und intensiven Geschmack für vierzig Minuten.

### Genuss
Wenn die Aromen sich erst einmal entfalten, wünscht man, es würde ewig währen. Dank ihrer Leichtigkeit ist sie für Gelegenheitsraucher gut nach dem Dinner. Erfahrene Raucher schätzen sie am Morgen.

**Gesamtbewertung**
Stärke: 5,5 – Gleichmäßigkeit: 8 – Charakter: 8,5.

• *Die **Romeo y Julieta Petit Princess** aus der gleichen Familie hat das Ringmaß 40 (15,87 mm) und eine Länge von 102 mm.*

Laguito N° 1 – Kuba

## COHIBA LANCEROS

Länge:        192 mm (7 ½ in.)
Ringmaß:      38 (15,08 mm)
Körper:       Rund
Aufmachung:   Halblackierte Kiste mit 25 Stück

### Aussehen
Die elegante Kiste enthält perfekt präsentierte Preziosen mit rundem Fuß, abgedrehtem Kopf und einem schlanken Körper im Stil der 1960er-Jahre.

### Anfühlung
Mit ihrer seidigen Textur und schönen Gleichmäßigkeit ist es eine Lust, sie in die Hand zu nehmen.

### Duft
Früher war sie üppig und stark, heute ist die Lanceros fast mild im Bereich vegetarischer und leicht floraler Noten.

### Geschmack
Wenn die Geschmacksknospen bereit sind, ist sie reichhaltig und präsent. Man schmeckt Kakao, Süßholz und Gewürze. Verunglückte Exemplare können sehr stark sein und überhitzen.

### Genuss
Als Star der Vergangenheit ist die Lanceros heute ungerechtfertiger Weise vergessen. Wenn die Mode sich wieder ändert, werden die Aficionados ihre wunderbare Finesse neu entdecken, wozu auch die holde Weiblichkeit beitragen könnte. Perfekt nach dem Dinner oder bei abendlichen philosophischen Anwandlungen.

#### Gesamtbewertung
Stärke: 7,5 – Gleichmäßigkeit: 8,5 – Charakter: 7.

• *Die Vegueros N° 1 aus der gleichen Familie ist durchgehend vegetarisch.*

Laguito N° 1 – Kuba

# TRINIDAD FUNDADORES

Länge: 192 mm (7 ½ in.)
Ringmaß: 38 (15,08 mm)
Körper: Rund
Aufmachung: Unlackierte Kiste mit 50 oder 24 Stück

### Aussehen
Diese elegante, äußerst schlanke Zigarre mit dem abgedrehten Kopf ist in ihrer Jugend am schönsten, bevor das Colorado dunkler wird. Mit der Zeit verschwindet auch die Öligkeit, und die Bauchbinde oxydiert allmählich.

### Anfühlung
Elegant und geschmeidig, fast schon weich, bietet das Handgefühl einen schönen Vorgeschmack.

### Duft
Anfangs zurückhaltend, wird das Aroma waldig mit floralen und ledrigen Noten am Körper. Am Fuß gut duftend mit leichter Amber-Note.

### Geschmack
Entsprechend ihrer Größe beginnt die Fundadores sowohl langsam als auch mild und bekommt mit der Erwärmung eindrucksvolle Gewürznoten mit hin und wieder ein wenig Pfeffer. Das subtile zweite Drittel mündet in ein verführerisches Finale, das mit leicht würzigen Tönen ausklingt.

### Genuss
Die meisten Marken konzentrieren sich in den 1990er-Jahren auf die Robustos, Trinidad hingegen auf dieses einzigartige Format. Die Zigarre ist ausgezeichnet und perfekt nach einem üppigen Mahl zu schweren Weinen.

**Gesamtbewertung**
Stärke: 8,5 – Gleichmäßigkeit: 9 – Charakter: 9,5.

• *Die **Partagás Série du Coinnaisseur N° 1** aus der gleichen Familie beginnt kräftiger und ist würziger.*

Delicado – Kuba

# LA GLORIA CUBANA MÉDAILLE D'OR N° 1

Länge: 185 mm (7 ¼ in.)
Ringmaß: 36 (14,29 mm)
Körper: Rund
Aufmachung: Halblackierte Kiste mit 25 Stück

### Aussehen
Diese Gran Panetela ist eine schöne, lang gestreckte Zigarre zumeist in Claro-Farben, gelegentlich in Maduro.

### Anfühlung
Man spürt ihre Größe kaum. Sie ist eher weich als geschmeidig und hinterlässt einen feinen Film auf der Haut.

### Duft
Das verführerisch üppige Bukett im floralen Bereich hat einen Hauch von Gewürzbrot, das Markenzeichen von La Gloria Cubana.

### Geschmack
Das würzige, honigartige Aroma wird reicher im zweiten Drittel und führt in ein konzentriertes Finale. Sorgfältige Reifung ergibt eine unerwartete Milde und Rundheit mit einem langsamen, waldigen Rhythmus, der nie langweilt.

### Genuss
Die Médaille d'Or N° 1 verdient mehr Anerkennung. Glühende Bewunderer, besonders unter den Liebhabern von Jahrgangszigarren, schwelgen hier in der Entdeckung neuer aromatischer Horizonte. Das sehr energische letzte Drittel ist nur etwas für geübte Zungen. Der Brand ist für dieses Format sehr befriedigend.

**Gesamtbewertung**
Stärke: 6,5 – Gleichmäßigkeit: 9 – Charakter: 8,5.

Panetela Larga – Kuba

## LA GLORIA CUBANA MÉDAILLE D'OR N° 3

Länge:         175 mm (6 ⅞ in.)
Ringmaß:       28 (11,11 mm)
Körper:        Rund
Aufmachung:    Halblackierte Kiste mit 25 Stück

### Aussehen
Mit ihrer Silhouette aus den 1970er-Jahren sind diese eleganten und sehr gut gemachten drei Lagen chinesischer Essstäbchen bei den Anhängern des Formats sehr beliebt.

### Anfühlung
Die weiche Zigarre kann man nicht als fest und hart bezeichnen. Ihre runde Form gleitet gut zwischen den Fingern hindurch. Natürliches Gefühl.

### Duft
Das florale Bukett ist frisch, voll und anspruchslos.

### Geschmack
Diese zurückhaltende Panetela ist in diesem Format mit Gewürzen und Honig eine der aromatischsten und bietet einen gleichmäßigen Zug. Das sehr leichte erste Drittel geht in einen vollen waldigen Geschmack im zweiten über. Am Ende muss man Überhitzung vermeiden.

### Genuss
Die Médaille d'Or N° 3 steht zwar in der Tradition von La Gloria Cubana, aber nicht in der des Formats. Ihr problemloser Brand macht sie zum guten Partner einer Tasse Kaffee. Sie übersättigt nie, mag aber für Anfänger ein wenig schwer sein.

### Gesamtbewertung
Stärke: 5,5 – Gleichmäßigkeit: 7 – Charakter: 6,5.

• *Die **El Rey del Mundo Elegantes** aus der gleichen Familie wird von Liebhabern leichter, geschmackvoller Gran Panetelas geschätzt.*

Panetela Larga – Kuba

# RAFAEL GONZÁLEZ SLENDERELLAS

Länge: 175 mm (6 ⅞ in.)
Ringmaß: 28 (11,11 mm)
Körper: Rund
Aufmachung: Halblackierte Kiste mit 25 Stück

### Aussehen
Eine Schokoladenzigarette, wie sie Kinder lieben. Lang und dünn, scheint sie kein Ende zu haben. Die Farben reichen vom hellsten Clarissomo bis zu dunklem, warmem Colorado.

### Anfühlung
Manchmal etwas zu fest gerollt, ist sie im Allgemeinen fest und geschmeidig. Je nach Tabak ist die Textur seidig oder leicht körnig.

### Duft
Der Fuß ist mild und trocken, der Körper vegetarisch mit einem subtilen Kampferduft. Insgesamt frisch und lebendig.

### Geschmack
Der vorzügliche Brand liefert eine Palette waldiger Aromen, nie herb oder würzig. Diese leichte und harmonische Zigarre ermüdet nie.

### Genuss
Für nachdenkliche Momente oder einen ruhigen Morgen. Weibliche Connaisseure wissen sie zu schätzen. Sie wird mehr Anhänger gewinnen, wenn elegante, weniger starke Zigarren zur Mode werden.

**Gesamtbewertung**
Stärke: 5 – Gleichmäßigkeit: 8 – Charakter: 7.

*Lettre (Ein Brief)*, Anton Molnar.

# Register

*Kursiv gesetzte Namen sind nicht beschrieben, sondern nur im Zusammenhang mit anderen Zigarren erwähnt.*

Arturo Fuente Fuente Opus X
  Perfexción Robustos 50
Arturo Fuente Hemingway
  Reserva Especial Signature 15
Bolívar Belicosos Finos 13
*Bolívar Coronas Extra 36*
Bolívar Coronas Gigantes
  Cabinet Selection 26
Bolívar Inmensas 60
*Bolívar Lonsdales 66*
Bolívar Petit Coronas
  Cabinet Selection 76
Bolívar Royal Coronas 53
Cohiba Espléndidos 28
Cohiba Lanceros 89
Cohiba Millennium 2000 6
Cohiba Robustos 54
Cohiba Siglo II 77
Cohiba Siglo III 67
Cohiba Siglo IV 36
Cohiba Siglo V 61
Cuaba Exclusivos 17
Diplomáticos N° 2 7
*Diplomáticos N° 3 73*
*Diplomáticos N° 4 80, 83*
*Diplomáticos N° 5 86*
El Rey del Mundo Cabinet
  Selección Choix Suprême 47
*El Rey del Mundo Elegantes 92*
*El Rey del Mundo Lonsdales 65*
El Rey del Mundo Taínos 31
Flor de Copán
  Rothschild 50 x 5 51
*Flor de Selva Robustos 51*
H. Upmann Connoisseur N° 1 46
H. Upmann Magnum 46 38
*H. Upmann Monarcas 33*
*H. Upmann N° 1 64*
H. Upmann N° 2 8
*H. Upmann N° 4 79*
*H. Upmann Petit Coronas 82, 85*
H. Upmann Sir Winston 28
*H. Upmann Super Coronas 38*
*Hoyo de Monterrey*
  *Churchills 31*
Hoyo de Monterrey
  Double Coronas 20
Hoyo de Monterrey
  Épicure N° 1 37
*Hoyo de Monterrey*
  *Épicure N° 2 46*
Hoyo de Monterrey
  Le Hoyo des Dieux 69
Hoyo de Monterrey
  Le Hoyo du Prince 78
*Hoyo de Monterrey*
  *Le Hoyo du Roi 72*
Hoyo de Monterrey
  Particulares Limitierte Serie 18
*Juan López Coronas 71, 74*
*Juan López Petit Coronas 77*
Juan López Selección N° 1 39
Juan López Selección N° 2 55
La Gloria Cubana
  Médaille d'Or N° 1 91
La Gloria Cubana
  Médaille d'Or N° 2 62
La Gloria Cubana
  Médaille d'Or N° 3 92
La Gloria Cubana Sabrosos 68
La Gloria Cubana Taínos 27
Montecristo »A« 19
Montecristo
  Coronas Grandes 35
*Montecristo Millennium 2000 57*
*Montecristo N° 1 64*
Montecristo N° 2 9
Montecristo Robustos
  Limitierte Serie 56
Padrón 1964 Anniversary
  Coronas 75
*Partagás 8-9-8 Kabinett-Selection*
  *(unlackiert) 67*
*Partagás 8-9-8 Cabinet Selection*
*Verni 62*
*Partagás Churchills de Luxe 27*
Partagás Coronas
  Cabinet Selection 71
*Partagás de Partagás N° 1 62*
Partagás Lonsdales
  Cabinet Selection 65
Partagás Lusitanias 21
Partagás Petit Coronas
  Cabinet Selection 79
Partagás Piramides
  Limitierte Serie 10
*Partagás Presidentes 17*
Partagás Série D N° 4 57
*Partagás Série*
  *du Connaisseur N° 1 90*
Partagás Shorts 86
Por Larrañaga Petit Coronas
  Cabinet Selection 80
Punch Black Prince 41
Punch Churchills 29
*Punch Coronas 74*
Punch Double Coronas 22
Punch Petit Coronas 81
*Punch Petit Punch 87*
*Punch-Punch de Luxe 37*
Punch Royal Selection N° 11 40
Punch Royal Selection N° 12 82
Punch Super Selection N° 1 70
Punch Super Selection N° 2 42
Quai d'Orsay Imperiales 30
Rafael González
  Coronas Extra 43
Rafael González Lonsdales 65
Rafael González
  Petit Coronas 83
Rafael González Slenderellas 93
Ramón Allones 8-9-8
  Verni 63
Ramón Allones Coronas
  Cabinet Selection 72
Ramón Allones Gigantes 23
Ramón Allones
  Petit Coronas 84
Ramón Allones
  Small Club Coronas 87
Ramón Allones
  Specially Selected 58
Romeo y Julieta Belicosos 14
Romeo y Julieta Churchills 32
Romeo y Julieta Coronas 73
*Romeo y Julieta*
  *Coronas Grandes 68, 70*
Romeo y Julieta Exhibición N° 2
  Limitierte Serie 24
*Romeo y Julieta*
  *Exhibición N° 3 41*
Romeo y Julieta Exhibición N° 4
  Cabinet Selección 48
*Romeo y Julieta*
  *Petit Coronas 76*
*Romeo y Julieta*
  *Petit Princess 88*
*Romeo y Julieta*
  *Prince of Wales 29*
S.T. Dupont Robustos 59
Saint Luis Rey Churchills 33
*Saint Luis Rey Coronas 72*
*Saint Luis Rey Lonsdales*
*Cabinet Selection 64*
Saint Luis Rey Petit Coronas 85
*Saint Luis Rey Prominente 22*
Saint Luis Rey Regios 49
Saint Luis Rey Série A 44
San Cristóbal de La Habana
  El Morro 34
San Cristóbal de La Habana
  El Príncipe 88
San Cristóbal de La Habana
  La Fuerza 45
San Cristóbal de La Habana
  La Punta 11
*Sancho Panza*
  *Belicosos 13*
Sancho Panza
  Coronas 74
*Sancho Panza*
  *Coronas Gigantes 26, 30*
Sancho Panza Molinos 66
*Sancho Panza Non Plus 78*
*Sancho Panza Sanchos 18*
Santa Damiana Torpedo 16
Trinidad Fundadores 90
*Vega Fina Piramide 16*
Vega Fina Robustos 52
Vegas Robaina
  Don Alejandro 25
*Vegas Robaina*
  *Famosos   48*
Vegas Robaina
  Únicos 12
*Vegueros N° 1 89*

### Danksagung

Dank an Anton Molnar und Antoni Vives Fierro,
die die Kunst in die Welt der Zigarren gebracht haben.

Dank an meine Mutter für ihr Vorbild;
an meine Frau für ihre Geduld;
an meine Schwester für ihre Mithilfe;
und natürlich an Sévan und Taline.

―――――――――――

Copyright © 2001, Flammarion, Paris
Die französische Originalausgabe mit dem Titel »Le Cigare – Les Meilleurs Cigares du Monde«
erschien 2001 bei Editions Flammarion, Paris.

**Bibliografische Information Der Deutschen Bibliothek**
Die Deutsche Bibliothek verzeichnet diese Publikation in der Deutschen Nationalbibliografie;
detaillierte bibliografische Daten sind im Internet über »http://dnb.ddb.de« abrufbar.

2. Auflage
ISBN 3-7688-1482-3
Die Rechte für die deutsche Ausgabe liegen beim Verlag Delius, Klasing & Co. KG, Bielefeld

Übersetzung und deutsche Bearbeitung: Dr. Volker Bartsch
Grafische Gestaltung: Delphine Delastre
Printed in Spain 2004

Alle Rechte vorbehalten! Ohne ausdrückliche Erlaubnis des Verlages darf das Werk, auch nicht Teile daraus,
weder reproduziert, übertragen noch kopiert werden, wie z. B. manuell oder mithilfe elektronischer und mechanischer
Systeme inklusive Fotokopieren, Bandaufzeichnung und Datenspeicherung.

Delius Klasing Verlag, Siekerwall 21, D - 33602 Bielefeld
Tel.: 0521/559-0, Fax: 0521/559-115
E-mail: info@delius-klasing.de • www.delius-klasing.de

―――――――――――

Boutique Noga Hilton – 19, quai du Mont-Blanc – 1201 Genève
Tel. (00) 41 22 908 35 35, Fax (00) 41 22 908 35 30
www.gerard-pere-et-fils.com • www.gerard.ch
E-mail: info@gerard-pere-et-fils.com • info@gerard.ch